最澄大師

高僧傳

日本天台宗初祖

編撰—大久保良峻

【編撰者簡介】

大久保良峻

一九五四年日本神奈川縣生。一九七八年早稻田大學第一文學部（心理學專修）畢業，一九八三年早稻田大學大學院文學研究科完成碩士課程（東洋哲學專攻）。一九八九年同博士課程滿期退學，二〇〇二年獲得早稻田大學博士（文學）。現為早稻田大學文學學術院（文學部）教授，天台宗勸學。著作有《天台教學と本覺思想》（法藏館）、《台密教學の研究》（法藏館）、《最澄の思想と天台密教》（法藏館）。編著《山家の大師最澄》（

川弘文館）、《新・八宗綱要》（法藏館）、《天台學探尋》（法藏館）、《日本佛教の

（春秋社）等。

【譯者簡介】

胡建明

生於一九六五年，上海市人，文學博士、哲學博士。一九

年留學德國海德堡。現任職於日本東京駒澤大學佛教經

教研究院客座研究員。主要從事中國哲學、華嚴學

高僧傳

日本天台宗初祖

最澄大師

編撰—大久保良峻

【編撰者簡介】

大久保良峻

一九五四年日本神奈川縣生。一九七八年早稻田大學第一文學部（心理學專修）畢業，一九八三年早稻田大學大學院文學研究科完成碩士課程（東洋哲學專攻）。一九八九年同博士課程滿期退學，二〇〇二年獲得早稻田大學博士（文學）。現為早稻田大學文學學術院（文學部）教授，天台宗勸學。著作有《天台教學と本覺思想》（法藏館）、《台密教學の研究》（法藏館）、《最澄の思想と天台密教》（法藏館）。編著《山家の大師最澄》（吉川弘文館）、《新・八宗綱要》（法藏館）、《天台學探尋》（法藏館）、《日本佛教の展開》（春秋社）等。

【譯者簡介】

胡建明

生於一九六五年，上海市人，文學博士、哲學博士。一九九〇年留學日本東京，一九九六年留學德國海德堡。現任職於日本東京駒澤大學佛教經濟研究所，兼中國人民大學高等宗教研究院客座研究員。主要從事中國哲學、華嚴學、禪宗美術史等方面的研究。

【「高僧傳」系列編輯序】

令眾生生歡喜者，則令一切如來歡喜

「為佛教，為眾生」六個字，乃是印順法師於臺北市龍江街慧日講堂（後因大門遷移，地址遷至朱崙街）為證嚴法師授予三皈依、並賜法名時的殷殷叮囑：「既然出家了，你要時時刻刻為佛教、為眾生。」

依證嚴法師解釋：「為佛教」是內修清淨行，「為眾生」則要挑起如來家業，走入人群救度眾生。因此法師稟承師訓，一心一志「為佛教還原教義，為眾生點亮心燈」，而開展慈濟眾生的志業。

歷代高僧之「為佛教、為眾生」

證嚴法師開創「靜思法脈，慈濟宗門」，並將其與「為佛教，為眾生」合釋：「靜思法脈」乃「為佛教」，是智慧；「慈濟宗門」即「為眾生」，是大愛。

進而言之，「靜思法脈，慈濟宗門」即菩薩道所強調的「悲智雙運」：「靜思法脈」是「智」，「慈濟宗門」是「悲」；傳承法脈、弘揚宗門就要「悲智雙運」，積極在人間發揮慈、悲、喜、捨四無量心。此亦即慈濟人開展四大志業、八大法印時的根本心要。

由其強調「悲智雙運」可知，「靜思法脈，慈濟宗門」並非標新立異，而是傳承佛陀教法以及漢傳佛教歷代高僧的教誨——包括身教與言教，並要求身心皆徹底踐履。為了讓世人明瞭慈濟宗門之初心與悲願，也讓這些歷代高僧的事蹟與精神更廣為人知，大愛電視臺秉持證嚴法師的信念，於二〇〇三年起陸續製作《鑑真大和尚》與《印順導師傳》動畫電影，將佛教史上高僧大德的動人故事，經由動畫電影的形式，傳遞到全世界。

因為電影的成功，大愛電視臺進一步籌畫更詳盡的電視版〈高僧傳〉——採取臺灣民眾雅俗共賞的歌仔戲形式。〈高僧傳〉的每一部劇本都是經過數個月的資料研讀與整理，縝密思考後才下筆，句句考證、字字斟酌。製作團隊感受到每一位大師皆以身作則、行菩薩道的特質，希望將每位高僧的大願與大行傳遍世界。

然而，不論是動畫或戲劇，恐難完整呈現《高僧傳》中所載之生命歷程，以及諸位高僧與祖師之思想以及對後世之貢獻。因此，慈濟人文志業中心便就〈高僧傳〉歌仔戲所演繹過的高僧，以《高僧傳》及《續高僧傳》之原著為基礎，含括了日、韓等國之佛教史上的知名高僧，編撰「高僧傳」系列叢書。我們不採取坊間已有之小說體形式，而是嚴謹地參照人物評傳的現代寫法，參酌相關之史著及評論，對其事蹟有所探討與省思，並將其社會背景、思想及影響皆納入，雜揉編撰，內容包括高僧的生平、傳承及主要思想或重要經典簡介。從中，我們不僅可以讀到歷代高僧的智慧與悲心，亦可一覽相關的佛教史地、典籍與思想。

在編輯過程中，我們可以看到歷代高僧之「為佛教，為眾生」：鳩摩羅什飽受戰亂、顛沛流離，仍戮力譯經，得令後人傳誦不絕，乃是為利益眾生；玄奘歷萬里之險取得梵本佛經、致力翻譯，其苦心孤詣，是為利益眾生；鑑真六次渡海欲至東瀛傳戒，眼盲亦不悔，是為利益眾生；六祖惠能隱居十五載以避害身之禍，只為弘揚如來心法，並言「佛法在世間，不離世間覺；離世求菩提，猶如覓兔角」，亦是為利益眾生……

這些高僧祖師大可獨善其身、如法修行以得解脫，為何要為法忘身、受諸逆境而不退？究其根本，他們不只是為了參究佛法，而是深知弘揚大乘佛法的目的乃在於大慈大悲地度化眾生、讓眾生能得安樂；若不能讓眾生同霑法益，求法何用？如《大智度論．卷二七》所云：

一切諸佛法中，慈悲為大；若無大慈大悲，便早入涅槃。

由此可知，就大乘精神而言，「為佛教」即應「為眾生」，實為一體之兩面。

「大悲」為「諸佛之祖母」

除了歷代高僧之示現，「為眾生」之菩薩道的實踐，於經教中更是多不勝數、歷歷可證。例如，《無量義經．德行品第一》便說明了菩薩作為眾生之大導師、大船師、大醫王之無量大悲：

無量大悲救苦眾生，是諸眾生真善知識，是諸眾生大良福田，是諸眾生不請之師，是諸眾生安隱樂處、救處、護處、大依止處。處處為眾作大導師，能為生盲而作眼目，聾劓啞者作耳鼻舌；諸根毀缺能令具足，顛狂荒亂作大正念。船師、大船師運載群生渡生死河，置涅槃岸；醫王、大醫王，分別病相曉了藥性，隨病授藥令眾樂服；調御、大調御，無諸放逸行，猶如象馬師，能調無不調；師子勇猛，威伏眾獸，難可沮壞。

如來於《法華經．觀世音菩薩普門品》中宣說，觀世音菩薩更以三十三種應化身度化眾生：

佛告無盡意菩薩：善男子，若有國土眾生，應以佛身得度者，觀世音菩薩即現佛身而為說法；應以辟支佛身得度者，即現辟支佛身而為說法；應以聲聞身得度者，即現聲聞身而為說法；應以梵王身得度者，即現梵王身而為說法；應以帝釋身得度者，即現帝釋身而為說法……應以天龍、夜叉、乾闥婆、阿修羅、迦樓羅、緊那羅、摩侯羅伽、人非人等身得度者，即皆現之而為說法；應以執金剛神得度者，即現執金剛神而為說法。無盡意，是觀世音菩薩成就如是功德，以種種形遊諸國土，度脫眾生，是故汝等應當一心供養觀世音菩薩。是觀世音菩薩摩訶薩，於怖畏急難之中能施無畏，是故此娑婆世界皆號之為施無畏者。

為何觀世音菩薩要聞聲救苦？因為菩薩總是「人傷我痛、人苦我悲」，恆以「利他」為念。如《大丈夫論》所云：

菩薩見他苦時，即是菩薩極苦；見他樂時，即是菩薩大樂。以是故，菩薩恆為利他。

正是因為這般順隨眾生、「以種種形」而令其無畏的無量悲心，讓觀世音菩薩受到漢傳佛教乃至於華人民間信仰的共同崇敬。慈濟人之所以超越貧富、超越國界、超越宗教地去關懷與膚慰需要幫助的生命，便是效法觀世音菩薩無量悲心、無量應化的精神。

在《法華經．普賢菩薩勸發品》中發願、將於佛滅後守護及教導受持《法華經》之眾生的普賢菩薩，於《華嚴經．普賢行願品》中則教導善財童子如何供養諸佛，亦揭示了如來、菩薩、眾生的關係：

於諸病苦，為作良醫；於失道者，示其正路；於闇夜中，為作光明；於貧窮者，令得伏藏。菩薩如是平等饒益一切眾生。何以故？菩薩若能隨順眾生，則為隨順供養諸佛；若於眾生，尊重承事，則為尊重承事如來；若令眾生生歡喜者，則令一切如來歡喜。何以故？諸佛如來，以大悲心而為體故。因於眾生，而起大悲；因於大悲，生菩提心；因菩提心，成等正覺。……若諸菩薩，以大悲水饒益眾生，則能成就阿耨多羅三藐三菩提故。是故菩提，屬於眾生；若無眾生，一切菩薩終不能成無上正覺。善男子，汝於此義，應如是解。以於眾生心平等故，則能成就圓滿大悲；以大悲心隨眾生故，則能成就供養如來。

《大智度論．卷二〇》亦云，佛陀強調，大悲心乃是諸佛菩薩之根本，具大悲心方能得般若智慧，亦方能成佛：

大悲，是一切諸佛、菩薩功德之根本，是般若波羅蜜之母，諸佛之祖母。菩薩以大悲心，故得般若波羅蜜；得般若波羅蜜，故得作佛。

「菩薩若能隨順眾生，則為隨順供養諸佛；若於眾生，尊重承事，則為尊重承事如來；若令眾生生歡喜者，則令一切如來歡喜。」閱及此段，不禁令人深深體會證嚴法師之智慧與悲心：慈濟宗門四大、八印之聞聲救苦、無量應化地「為眾生」，也是同時「為佛教」地供養諸佛、令一切如來歡喜啊！

歷代高僧雖未如慈濟宗門般推動慈善、醫療、乃至於環保、國際賑災等志業，乃因其時空因素，欲度化眾生先以弘揚大乘經教與法義為重；現今經教已備，所須的乃是效法菩薩道之力行實踐！慈濟宗門便是上承歷代高僧與經論之教法，推動四大、八印，行菩薩道饒益眾生，以此供養如來。

換言之，歷代高僧之風範、智慧及悲願，為佛教，也為眾生，此即諸佛菩薩之本懷，亦為慈濟宗門之本懷！這便是《高僧傳》系列叢書所欲彰顯者。

遙企歷代高僧儼然身影，我們可以肯定：為眾生，便是為佛教；為佛教，一定要為眾生！

【編撰者序】

與中國佛教淵源甚深的「傳教大師」——最澄

最澄（傳教大師，七六六、另說為七六七，至八二二）在二十歲（七八五）時，上比叡山結草庵潛修；二十三歲（七八八）創建一乘止觀院。延曆寺寺號的下賜，是在最澄圓寂翌年的弘仁十四年（八二三）二月。

祈禱之山、學問之山、修行之山——比叡山

比叡山，至今仍然是作為祈禱之山、修行之山，與俗世隔絕的山嶽空間而

儼然存在。作為遠離塵世的宗門大寺院，保持著優良而悠久的傳統，這無疑是為世人尊崇的一大特色。從京都的地理位置而言，位處鬼門，亦即艮（東北）位；因此，比叡山延曆寺擔負著守護平安京（京都古名）之神聖重任。

自最澄入山以來，比叡山確立了學問之山、修行之山的地位。比叡山是孕育日本思想與文化的淵源之一，在各方面都產生深遠的影響；瞭解比叡山的內涵與本質，也是理解與體會日本古典文學的一大重要關鍵。

眾所周知，日本佛教是以「教義—思想」研究以及「修行—實踐」為主軸，其表現為佛像、繪畫、佛具等藝術品的製作，以及殿堂的建築、音樂等種種要素構建而成。這不只限於出家者，還包括了人們的衣、食、居、行、住、坐、臥等日常生活的全部內容。而且，佛教隨著時代，應時應地不斷變遷、發展，無不是為了追求對佛教思想之真實意義的繼承與實踐。

正如本書所引用—最澄在二十歲時作的〈願文〉之內容那般，其目標是於比叡山中修行，以證得六根相似位；這六根相似位的位階，成為天台教門所顯示之修行次第的專門用語。當然，對於當時最澄究竟對天台教理教義等已具有何等程度的理解或通曉之問題，不是十分明確，也不敢妄斷。不過，對於這修行次第的確立，可以讓人關注到天台智者大師（智顗，五三八至五九七）所著的《天台小止觀》中的相關論說，以及繼承了天台大師學說的法進（七〇九至七七八）所著之《沙彌十戒并威儀經疏》一書；或許，兩書皆是最澄撰寫〈願文〉之重要依據。

《天台小止觀》與《沙彌十戒并威儀經疏．卷一》中，明確地解說了獲得六根清淨、入佛境界的修行要項。此「六根清淨」一詞，可說是最澄晚年講述天台法華宗時的重要用語；現在，「六根清淨」一語，為修驗道等山嶽宗教所尊崇而加以吸收，唱念此語成為根本的宗教活動內容之一。經智者大師的宣揚倡導，再由最澄加以顯揚，最澄以新的形態與賦予新的宗教生命力溶入日本宗教中，並得以傳承與發展。

「照一隅」運動

此外，日本天台宗與當下積極展開的「一隅を照らす運動」（照一隅運動）；此乃源於最澄親筆所寫的「照千一隅」四字。本書已經引用了最澄在〈天台法華宗年分學生式〉（六條式）全文內容，這是最澄用來關於解釋「國寶」的用語。無論是誰，都可以清晰地看出原文是寫著「千」字；然而，此「千」字卻被誤讀為「于」，而被理解為「照于一隅」！當然，正確理解為「照千一隅」的研究者也不乏其人。這是最澄依據中國古代文獻中「照千里」與「守一隅」的四字造語，有源可尋，無須再贅言論究。但是，確實仍有一些人對「照千一隅」的讀法提出異議；正因為如此，後來有人竟然將此有名的用語，附會成「超八醍醐」一語的依據。當然，其來龍去脈已無可追究了。

筆者針對上述語詞含有兩種解說的問題，實有自己的看法。首先應該指出，最澄原來基於《止觀輔行傳弘決》一文的用語，曾被後來收錄於《傳教大師全集》中的偽撰書《天台法華宗學生式問答》引用過，其中對「照千里」與「守一隅」的語源有明確記述。筆者認為，最澄在正統的漢文之上，濃縮成「照千一隅」，並揮毫寫下以明志。此意為「千（里）を一隅に（おいて）照らす」（千里於一隅而相照）；就是說，以比叡山為一隅，守此一隅而照之於千里。筆者認為，只有如此來解讀，方能表達最澄的本意。

本來，〈天台法華宗年分學生式〉（六條式）之弘通是最澄畢生的弘願，這是以大乘戒的傳授來實現天台宗獨立而屢屢上奏的文書。此中闡明，只有通過授受大乘戒，才能成為止觀業與遮那業年分度者必須修學的重要事項。可以說，這是晚年的最澄，對朝廷以及在比叡山修學的學生們，近乎祈求的期待與悲願的一份文獻。若是這樣解釋，誤讀者「一隅を照らす」（照之一隅）的理解、與最澄所懷抱的本意之間，自然不免有些不相吻合了。

儘管如此，「一隅を照らす運動」作為最澄的名言來活用，藉以展開一大運動，也只能說是應時代而變遷，形成具有一種現代意義的宗教運動了。

因此可說，作為日本天台宗祖的最澄之主張以及思想，到了後世也未必可以原封不動地予以繼承；由此也就可以理解，釋迦與佛教思想的相應關係亦復如是吧！特別是被稱為「中古天台」所處的日本中世時代，天台本覺思想、或者成為本覺思想的教義也隨之產生，並達到了空前的興盛。

當然，這被廣泛流傳的「本覺」一詞，雖然原來基於中國天台的教理教義，亦即中國天台原本也有肯定現實的思想端緒，而在日本則將之極端地強調；從某種意義而言，不免有脫離本意的傾向。特別是將之展開、深化，即以源信為祖之「惠心流」以及以覺運為祖之「檀那流」，所謂惠、檀兩流所建立的口傳法門尤為顯著。各種獨特法門的形成，加之兩流的交流過程，對於這兩流的同異之研討，則是今後一個較大的研究課題。

「無作三身」的提出

此外，尤其是對最澄所述作之「無作三身」一語的活用，筆者認為應該加以注意。關於此語的意義，本書將於「影響」部分來加以論考。

最澄在《守護國界章》中，針對法相宗的報身為「有為報佛，夢裡權果」的觀點進行了批判，而從天台宗的報身智乃為「常住」的立場出發，闡明自己的主張為「無作三身，覺前實佛」。此「無作三身，覺前實佛」乃為一難以理解的語句，坦白說，確有不甚明晰之處。但是，「無作三身」一詞，卻成為後來中古天台最重要的術語，發揮了多樣的作用。以下，筆者欲對此提出一觀點。

關於這「無作三身」一詞，在初期的本覺思想文獻中，未必曾受到特別關注。然而，後來的惠心流，將此語作為對現實肯定的思想來理解並給予特別的強調；這種思想傾向，並對檀那流也產生了深遠的影響。然而，此語的要點，最澄本來欲論說的是佛的法身、報身、應身三身之中的報身之內涵——主張報身之智乃是常住不易的。在天台教學中，三身乃為一體；因此，「無作」一語是站在天台圓教的立場上來表達。可以推測，最澄是從此見地上，造出「無作三身」一詞的。

但是，這裡的問題在於報身之智。一般而言，報身在分為「自受用身」與「他受用身」二身的脈絡時，「智」當是自受用身；因此，無作三身可解釋為自受用身。問題是，如此解釋的話，顯然無法與現實肯定的思想相結合。不過，這裡欲強調的是，自受用身具有佛身的遍在性；若基於天台教門之教義，一切事物全部具有佛身的遍在性。由此獨特的觀點，最澄的說法被繼承下來，而極力宣揚自受用身的遍在性。

其結果，依報（眾生所處之環境）與正報（眾生之身心）的全部，即依正二報悉為自受用身的境界；於是，無作三身之教義得以成立。然後，無作三身便直接與依正二報相配合，一切眾生以及眼前的現實世界，因此都可理解為全部是無作三身的顯現；簡單舉例，波浪的音聲與風的音聲，也可以理解為無作三身。乍聽這樣的說法，或許有點難以理解的地方；不過，日本天台肯定現實的思想，確實是從「無作三身」一詞找到了新的根據，這是十分重要的思想特色。

當然，這應是最澄本人也無法想到的結果；也就是說，這或許是超出最澄所主張的言語範疇，而成為中古天台本覺思想的要諦，進而廣泛傳播並發揮了深遠的影響力。

傳承、開創，生生不息

在比叡山，最澄之後出現了圓仁（慈覺大師，七九四至八六四）與圓珍（智證大師，八一四至八九一）兩位入唐求法僧，將密教的不足加以補充完備。這些密教的最新的內容，發揮了帶動日本密教發展的作用。此後，圓仁的弟子安然（八四一至八八九，另說為九一五圓寂）將以前的密教進行集大成的總結，終於完成了台密。

台密的特色是追求將密教與中國天台的教理（圓教）相融會貫通；所以，其教理教義的用語為「圓密一致」。安然將最澄以來傳至日本的密教，進行了細緻的分析與融合。不可忽略的是，安然在尊重最澄教說的同時，將最澄對於法相宗的觀點與立場也承繼了下來。

台密連綿不斷地為後世所繼承，特別是川、谷二流——即覺超（九六〇至一〇三四）的川流與皇慶（九七七至一〇四九）的谷流，還有之後谷流的分派，形成了台密諸流的派生。覺超的川流，較早衰微而失傳。覺超之師是良源（九一二至九八五），因此也有將良源追崇為川流之祖的說法。良源也是名僧源信（九四二至一〇一七）之師，源信是《往生要集》的撰述者。良源作為比叡山中興之祖而活躍於當時的佛教界，有慈惠（慈慧）的諡號，故世稱慈惠（慈慧）大師。

此後，有甚至不知有源平（源氏與平氏）之亂、一味埋頭研究教理的高僧證真。與證真基本上同時代的是四次就任天台座主的慈圓（一一五五至一二二五）；他不僅是著名的學僧，而且培養了甚多僧才，確保法門代代傳燈不絕。

其次，是眾所周知的鎌倉佛教之祖師們，如淨土宗法然（一一三三至一二一二）、臨濟宗榮西（一一四一至一二一五）、淨土真宗親鸞（一一七三至一二六二）、曹洞宗道元（一二〇〇至一二五三）、日蓮宗日蓮（一二二二至一二八二）等，皆曾在比叡山上精勤修行過。吾人可言，以天台宗為根本與中心的比叡山，是日本佛教母胎，在日本佛教史上發揮了不可估量的重要作用；日本佛教諸祖師的教誨，無不洋溢著最澄所追求的佛教真諦，以及同時承繼著最澄的精神脈動。

本書雖然無暇言及平安初期的日本社會情況以及佛教思想等內容，只能重點切入：從最澄入山以後，比叡山作為日本文化與宗教的中心地，所產生的歷史與思想作用，以及所作出的貢獻等方面進行論述。

關於論究最澄的一生的著作，在日本不算少；隨著時間的推移，甚多作者亦各自發表了新的知見；儘管如此，尚有甚多不明的地方，有待今後不斷的研究和持續的探討。筆者本身也覺得，還應該多花一些時間對最澄以及其思想進行深沉的思考與深刻的論究。恰逢臺灣慈濟傳播人文志業基金會出版部主編賴志銘博士邀稿的勝緣，於是謹受了執筆的任務。

本書所論及的主人翁，是與中國佛教有極大淵源的最澄，因此欣然應諾執筆，很高興能將之介紹給臺灣乃至華人世界的廣大讀者們，以共沾法喜。雖然只是概略性的論述，而且本人的能力也十分有限，能有幸得到如此可貴的機會，於此敬申感謝之意。尤其是胡建明先生在自己的學問研究之餘，為翻譯本書慷慨付出、勞心勞力，由衷地深表感激之情。

【日本語序文】

『最澄大師』

大久保良峻

最澄は日本天台宗の宗祖であり、傳教大師、或いは傳教大師最澄と呼ばれることが多い。傳教大師號は、日本で朝廷から諡號として授與された最初の大師號である。大師という表記は高僧に対する尊稱としても用いられていることから、別に、叡山大師、根本大師、山家大師、最澄大師等と呼ばれることもある。最澄は、日本佛教の方向性を築き上げた人物として名高い。本書は、臺灣の地で『最澄大師』と名づけられた。日本では必ずしも常用される稱呼ではないが、個人的には風趣を感じている。

最澄が歿したのは八二二年のことであり、公文書に基づけば五十七歳であった。本書の執筆を依頼されたのは思い掛けない出来事であったが、奇しくも、二〇二一年は歿後一二〇〇年の遠忌に當たる。こういった時期に、『最澄大師』を執筆できたことを奇縁と思っている。

最澄關係の諸文獻は、偽撰も含め、傳教大師全集（全五巻）に収められている。従って、基本的に、本書ではその中の資料を多く用いているが、最澄の真蹟や現存する當時の文獻は國寶としても傳えられているので、それらも活用した。最澄の著作についての基礎研究は、必ずしも進捗しているわけではない。今後の課題を言うならば、先ず最澄の著作を讀みやすいかたちで作成することが緊要であろう。そういった試みがかつてなされたものの、未だに果たされていない。

日本での佛教研究は、資料として舊字（正字）の原典を用いるものの、それを常用漢字の書き下し文（訓讀文）に直して出版することが多い。本書の臺灣での上梓は、日本とは異なり、資料をほぼそのまま使えるので、比較的論じやすかったことは確かである。つまり、中國語に翻譯された佛典だけでなく、最澄が交流した中國の人々による文章や、最澄自身の記述は、正統な漢文（古典中國語）で筆記されているから、そのまま引用することが許容された。しかし、『叡山大師傳』をはじめとする、最澄の傳記を書く上での根本文獻は日本人の手になるものが多く、分かりにくい記述も散見する。中でも、光定の『傳述一心戒文』は善本が遺存しないため、本來の表記の問題か、それとも傳写に起因する瑕疵か判然としないが、文意を酌み難い箇所があるという問題點を持つ。しかしながら、『傳述一心戒文』は最澄晩年の様相を傳えているという點では、一級の資料であることは間違いない。

　更に、原典であっても、理解し難い記述も少なくない。そういった一考を要する事柄については、解説で若干工夫したつもりであるし、翻譯や編集でも盡力して頂いた。

最澄が、鑑真によって中國から日本に齎された天台文獻を最初に手にした時に、感慨もひとしおであったと推察される。しかし、誤寫の問題もあり、最澄は中國に渡っての直受でなければ、正しく理解することは不可能であると考えた。結果的に、最澄自身が入唐することになったのであり、最澄は日本天台最初の國際人となる。最澄の通譯（譯語）として同行し、最澄歿後に初代天台座主となる義真も國際人と言える。

その他、最澄と同じ八六六年に大師號を授與された最澄の弟子である慈覺大師圓仁（第三代天台座主）や、九二一年の弘法大師空海、九二七年の智證大師圓珍（第五代天台座主）が、大師號を賜った入唐僧として最重要人物となる。中でも、圓仁はその旅行記『入唐求法巡禮行記』によって脚光を浴びたように、國際人としても隨一の經歷を持つ。圓仁は天台山に登ることは叶わなかったが、最澄が不十分ながらも傳えた密教を比叡山において完備する役割を果たした。最澄は自ら天台山に赴いて、天台宗の正統を傳え、日本天台宗を確立した。その後、最澄が育成した後継者の一人である圓仁が、當時の最も新しい密教の將来というかたちで、最澄が囑望した課題を充足し、比叡山は日本佛教を牽引する總合性を保持することになったのである。その二人が同時に大師號を授與されたことに、師と弟子の強い絆が表れている。

爾来、比叡山は修行の山、学問の山として、日本の思想文化の中枢となっていく。最澄が開創した比叡山の佛教は、その總合性においても、様々な觀點から注目されている。

佛像について附言すれば、本書の中で紹介するように、最澄は比叡山開創後、自刻の藥師如來像を一乘止觀院に安置したと傳えられている。藥師如来の信仰は、病苦から逃れることができない衆生を救い、人々に安寧を与えるためのものでもある。目に見えない祈りの力への期待がある。現在のコロナ禍においても、諸寺院で、藥師如來への祈りが捧げられていることであろう。

また、『叡山大師傳』には、入唐前の最澄が、九州の太宰府で、渡海の平穏のために白檀で六尺ほどの薬師佛四軀を造ったことが記されているのであり、やはり、最澄自らが佛像を彫刻したと考えられている。『叡山大師傳』では、歸朝後、九州巡化の折にも、白檀で五尺の千手觀世音菩薩像一軀を造ったことを傳えている。

最澄に文化人としての一面があることは墨書等に依っても知られるが、本書『最澄大師』では、主に求道者として、修學修行に邁進し、人々との交流を行い、短かい生涯のうちに斬新を極める總合的佛教を體現しつつ、日本天台宗を開創したことを論じてみた。千二百年以上前に最澄が呼吸をしていた比叡山へと、思いを馳せる手引きのような概說書となれば嬉しく思う。

二〇二〇年八月一日

目錄

「高僧傳」系列編輯序
令眾生生歡喜者，則令一切如來歡喜 003
編撰者序
與中國佛教淵源甚深的「傳教大師」——最澄 014
日本語序文
『最澄大師』 大久保良峻 028

示現

序章 天台宗與最澄 045
滿又然公高弟，語澄曰：「昔智者大師告門人曰，我滅後二百餘歲，我法傳東國；祖識不虛，子其人也。」
從鑑真到最澄 046
最澄的師資相承 049
密教的展開 051
與法相宗的論爭 052
大乘戒獨立 054
日本天台宗的重要性 055
第一章 從誕生到青年時代 059
最澄生年十三，投大和上，即當國國分金光明寺補闕得度，即稟和上可歸心一乘。
最澄的出身 060

從誕生到成長 067
專論：天台密教 074

第二章　入比叡山 081

愚中極愚、狂中極狂、塵禿有情、底下最澄，上達於諸佛，中背於皇法，下闕於孝禮。謹隨迷狂之心，發三二之願，以無所得，而為方便，為無上第一義，發金剛不壞不退心願。

〈願文〉——青年最澄的誓願 082
專論：四教與行位 104
探求天台文獻以及一切經論 107
法華十講 117
在高雄山寺的天台講演 122

第三章　入唐及歸朝 135

最澄闍梨，形雖異域，性實同源。特稟生知，觸類懸解。遠求天（台）妙旨，又遇龍象邃公，總萬行於一心，了殊途三觀。

立志入唐求法 136
出航前往唐土 142
陸淳與道邃 145
專論：關於兩位「道邃」的問題 150
與行滿邂逅於天台山 154
拜別台州 159
在越州得密教法門 164
雜密的傳承以及歸國 175
歸朝復命以及傳法 177
天台宗的獨立 190

天台宗的年分度者 198

第四章　最澄與空海 207

新來真言家，則泯筆授之相承；舊到華嚴家，則隱影響之軌模。沉空三論宗者，忘彈呵之屈恥，覆稱心之心醉；著有法相宗者，非濮陽之歸依，撥青龍之判經。

空海歸國以及兩人之間的交流 208

與空海決裂 216

泰範的離去 225

專論：最澄的諸國歷訪 234

第五章　最澄與德一 241

常平等故，心、佛、及眾生，是三無差別；常差別故，流轉五道，說名眾生；反流盡源，說名為佛。以有此平等義故，無佛、無眾生；為此緣起差別義故，眾生須修道。

「三一權實論爭」的開始 242

德一與最澄的著作 248

最澄思想之探討 256

第六章　大乘戒獨立・最澄圓寂 271

《仁王經》百僧，必假般若力；《請雨經》八德，亦屈大乘戒。國寶、國利，非菩薩誰？佛道稱菩薩，俗道號君子；其戒廣大，真俗一貫……

天台法華宗年分學生式（六條式） 272
勸獎天台宗年分學生式（八條式） 284
天台法華宗年分度者回小向大式（四條式） 290
《顯戒論》的奉呈 300
天皇勅許・最澄圓寂 315

影響

壹・最澄的著作以及思想 331

最澄以後的日本天台，為致力於不斷充實當時尚不完備的密教、以及圓密一致教門的建立，付出了相當的努力。

《守護國界章》 333
《內證佛法相承血脈譜》 340
《法華秀句》 349
《註無量義經》 352
《末法燈明記》 356
《法華長講會式》 357
《天台法華宗學生式問答》 358
貳・日本天台宗的後繼者——最澄入寂後的幾位重要代表人物 361

圓仁、圓珍這兩位入唐求法僧，對於日本天台宗的密教——即台密，開創了蓬勃發展的氣象，甚至使台密凌駕於空海系密教。

義真 362
圓仁 363
圓珍 366
安然 368
參・日本佛教的母胎 375
鎌倉佛教的各宗祖師大多曾在比叡山修學；稱比叡山為「日本佛教之母胎」，可謂當之無愧。
附錄 385
最澄大師年譜 386
參考文獻 396

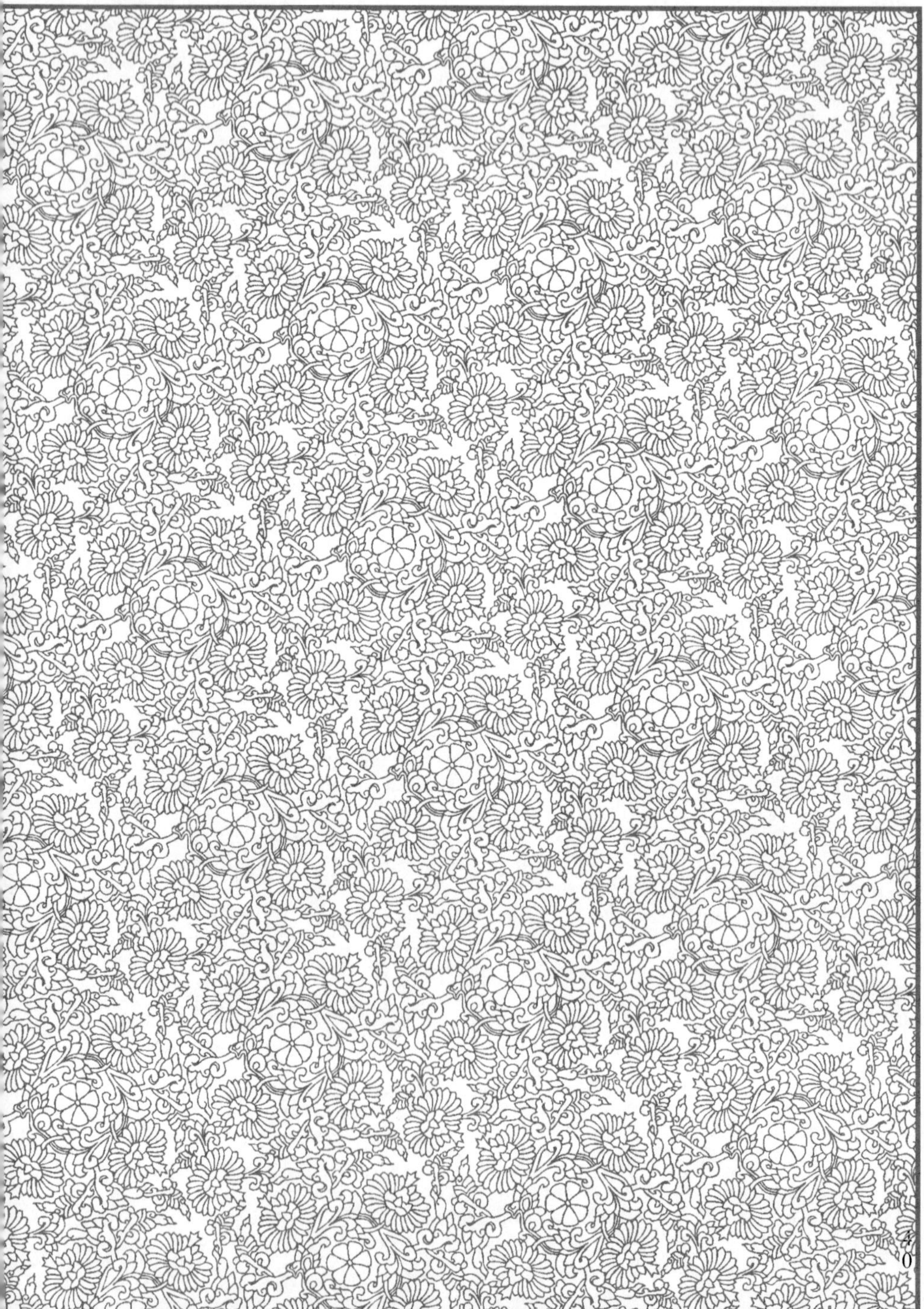

示現

天台法華宗年分學生式一首

國寶何物寶道心也有道心人名為國寶故
古人言徑寸十枚非是國寶照千一隅此
則國寶古哲又云能言不能行國之師也
能行不能言國之用也能言行能言國之
寶也三品之內唯不能言不能行為國之
賊乃有道心佛子西稱菩薩東號君子惡

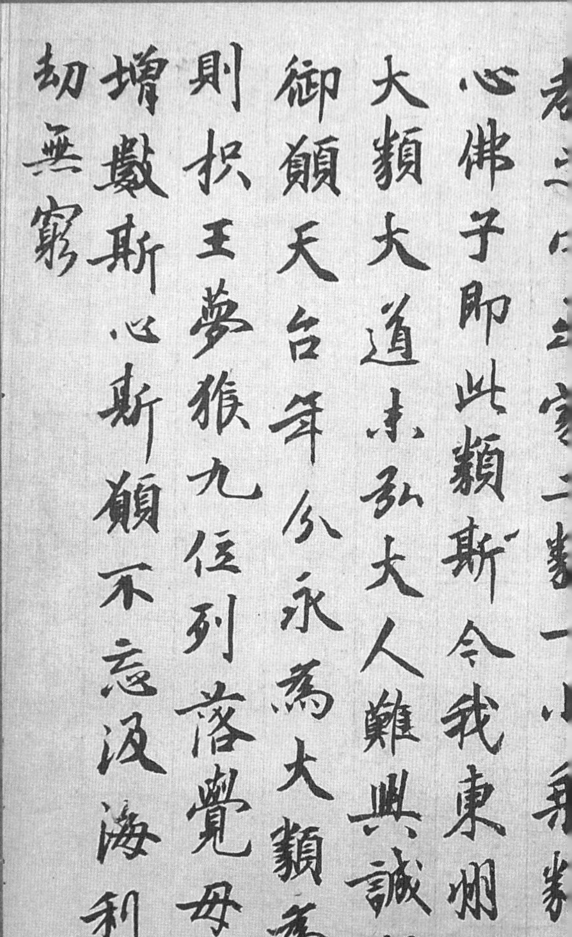
者之中出家二類一小類二大類道
心佛子即此類斯令我東州但有小像未
大類大道未弘大人難興誠願先帝
御願天台年分永為大類為菩薩僧然
則枳王夢猴九位列落覺母五駕後三
增轍斯心斯願不忘汲海利今利後歷
劫無窮

最澄墨寶
（日本天台宗總本山比叡山延曆寺授權）

序章　天台宗與最澄

滿又然公高弟，語澄曰：「昔智者大師告門人曰，我滅後二百餘歲，我法傳東國；祖讖不虛，子其人也。」

從鑑真到最澄

將中國天台宗的文獻請到日本來的僧侶之中，鑑真（西元六八八至七六三年）自然是其中值得注目的一位高僧。

鑑真五次東渡失敗，第六次終於到達日本。淡海三船（七二二至七八五）撰述的《唐大和上東征傳》中記載：

大和上從天寶二載（七四三）始，為傳戒五度裝束，渡海艱辛；雖被漂迴，本願不退。至第六度過日本。……唯有大和上學問僧普照、天台僧思託，始終六度，經逾十二年，遂果本願，來傳聖戒。

值得注意的是其中有「天台僧思託」之名。此外，同書中還記述說東渡時還帶來了《止觀法門》（《圓頓止觀》？）十卷、《法華玄義》十卷、《法華文句》十卷——此三者即所謂天台三大部，以及大本《四教義》十二卷、《天台小止觀》一卷等基礎文獻資料。

此外，最澄（七六六至八二二）的著作中，還引用過反映智顗（智者大師）晚年思想的文獻《維摩經文疏》，此書也可推測是鑑真帶來日本的天台文獻之一。天台大師的《維摩經文疏》，經六祖湛然刪略後撰述了《維摩經略疏》，此書對日本天台思想的展開具有極為重要的意義。例如，疏文中所說示的「法身說法」之語及其解說，最澄雖然沒有言及，卻對後來最澄法系的法孫與學人們的思想有很大影響。

平安時代初期的佛教，最大特色是密教的輸入與吸收，其思想的中心以及重要主張無疑是「法身說法」與「即身成佛」。當然，這些教義，雖已在中國天台思想中醞釀；但是，最澄天台教義中獨特的即身成佛思想以及主張乃至實踐，仍值得高度重視。

這些教義，經過學人們的不斷研究，產生了各種不同的見解以及相異的理解。儘管如此，日本天台宗所相通的理論基礎仍然是中國天台宗的根本教義；於此之上，補充了最澄的思想和教義，並在後世得以不斷地繼承與發展。

此外，若論特別反映日本天台的特色，則是最澄在繼承以《法華經》為中心思想的天台思想理論之上，又將《大日經》等密教經典與之置於對等的地位，即「圓密一致」的日本天台思想之特色。也就是說，在智顗所判立的藏、通、別、圓（三藏教、通教、別教、圓教）之四教中，尤其重視以《法華經》為中心的圓教；再加上智顗在世時尚未出現的密教，二者融合成為日本天台宗的兩大思想支柱。因此，用「圓密一致」一語，可以概括出日本天台所具有的最顯著的思想和實踐特徵。

最澄的師資相承

中國天台宗從高祖到第六祖的師資相承為：智顗—灌頂—智威—慧威—玄朗—湛然。最澄所師事的是湛然（七一一至七八二）之弟子，即第七祖道邃（生沒年不詳）與行滿（一說為七三七至八二四），並得傳天台法脈。不過，智顗之前有「慧文—慧思」為第一祖與第二祖之相承說，如此而言，智顗當為第三祖。其中相傳是慧思（五一五至五七七）撰述『大乘止觀法門』一書，在考究最澄思想時顯得格外重要。慧思被稱為南嶽大師；在日本，聖德太子被認為是慧思的轉世，這就是所謂的「南嶽後身說」。

「師資相承」之語，有時也表達為「師師相承」，以示由師所傳承之權威，具有重要的意義。最澄入唐求法之前，於比叡山潛修，在日本國內已有一定的聲望；但為了嗣承佛祖命脈，必須入唐尋訪正師，繼承大法。他作為往唐土求法的還學僧（公費），經過短期在唐留學後回到日本。歸國的第二年，即延曆二十五年（八〇六）一月，日本天台宗以「天台法華宗」之宗名得到公認，迎來了獨立開宗的盛事。

最澄在中國求法時所相承的是發源於台州（約今浙江省臨海市）的天台法門。不過，在最澄將歸國之前，在越州（中心在今浙江省紹興市）偶然與順曉阿闍梨相見，由此得以秉承密教之法。延曆二十四年（八〇五）六月回到日本後，是年九月，最澄在京都的高雄山寺傳授了日本最初的灌頂；這是因為，他在越州時已經得法而奠定了密教的基礎。翌年一月，天台法華宗則以天台和密教為專修，即以止觀業與遮那業而得到國家的年分度者（僧眾名額分配）。

密教的展開

但是，最澄的密教無疑是不完善和不夠充分的。與最澄同時期入唐留學的空海，在歸國後，則因得到完整的密教傳授而成為傳承密法第一人，受到朝野內外的尊崇。因此，對於最澄而言，最大的課題就是完善和充實密教。於是，他主動進行與空海的交流，並謙虛地請求空海給予指導。

弘仁三年（八一二），最澄從空海處得到以《金剛頂經》為依止的金剛界、以及以《大日經》（《大毘盧遮那成佛神變加持經》）為主經的胎藏界密法灌頂，這在密法的繼承有著重要的意義。但是，由於諸種原因，數年後二人卻斷絕了關係。

「胎藏界」的名稱，本來只有單獨的「胎藏」之意；但是，最澄的法孫安然（八四一至八八九〔一說為九一五歿〕）將之與「金剛界」並稱，而成為後來日本密教慣用的說法。因此，本書所言之「胎藏」即是沿用此「胎藏界」之義。

總之，對於比叡山密教的完備與充實，也成為最澄弟子們的重要課題；而完成此一目標者即是圓仁（七九四至八六四）。安然十分尊敬圓仁，繼承並發展了他的教義，成為天台密教（台密）集大成者。

與法相宗的論爭

最澄晚年的傳教活動，可以大致分為與法相宗德一之間所進行的「三一權實論爭」以及「獨立大乘戒」兩大事件。

日本法相宗乃是以奈良時代（約七一〇至七九四）具代表性的學派、即所謂「南都六宗」之重要的一宗而聞名於世。不過，德一並不在奈良，而是住在會津（今福島縣）。

最初的「三一權實論爭」，主要是圍繞著「三乘」與「一乘」的「權、實」教判問題。以「法華一乘」作為宗旨的天台宗，當然以「一切眾生皆成佛道」的一乘思想作為「實教」，而將三乘思想視為「權教」；這種主張正與法相宗（唯識）的「五性各別說」（聲聞乘定性、獨覺乘定性、如來乘定性、不定種性、無性）主張與立場相對立。

這場論爭，從客觀上來看，因為雙方各自依據自家的經論展開論戰，自然沒有得出任何結論，當然也不存在誰勝誰負的問題。最澄和德一之間的議論，各自站在自己的立場，雙方進行了激烈的論辯；值得引起關注的，則是最澄的主張與思辨。

論爭並沒有在最澄與德一的時代就得以告終。之後，天台與法相兩宗又展開過激烈的議論，最著名的就是在宮中清涼殿所展開的「應和之宗論」（應和三年，九六三），甚至後來還成為佛教的一大年中慣例。

大乘戒獨立

其二是最澄在比叡山所獨自成立的大乘戒，學術界也有人主張「大乘戒壇的獨立」之說；不過，最澄本身並沒有建立大乘戒壇之說，因此用「大乘戒的獨立」比較妥當。

若論此事的來龍去脈，那就是——最澄本身作為僧侶，曾在奈良東大寺受具足戒，即比丘所受的二百五十戒；但是，最澄最終決定在比叡山捨棄所受的《四分律》小乘戒，而單以《梵網經》為中心的「十重、四十八輕戒」的律儀來受戒，以達成天台宗具有自己獨立之戒法的目的。

當然，這種想改變傳統戒法的要求，不是很容易馬上得到認可與准許的。一直到最澄圓寂的弘仁十三年（八二二）六月四日前後，才得到了朝廷的敕許以及太政官符，得以實行。以《梵網經》為主要依據的梵網戒，在日本天台宗中被稱為「圓頓戒」，此傳授一直延續不斷地繼承到現在。

日本天台宗的重要性

最澄開宗的日本天台教，是以「圓、密、禪、戒」四宗來相承，是具有融合性特色的教派。當然，中國天台宗也具有融合性、綜合性的特點；不過，從將新興的密教法門加以吸收與引入，可謂是決定了日本天台宗的發展方向的創舉。

特別是後來圓仁和圓珍入唐將最新的密教傳來日本，並將之發展到凌駕為空海密教（東密）之上的勢力；此外，日本天台宗還吸收了淨土教和山王神道等重要法門。最澄和弟子圓仁，因此在貞觀八年（八六六）七月被分別賜封「傳教大師」與「慈覺大師」。這是日本佛教史上最初的「大師」名號。

最澄所開創的日本天台宗，成為孕育日本文化以及思想之母胎；比叡山則作為學問的聖山、修行的聖山，培育了甚多大有作為的弘法人材，鎌倉佛教的各宗祖師們基本上都曾在比叡山鑽研與修持過。

就作為文化傳承媒介的言語來說，比如說《法華經》中的語彙，大量地在日語中被使用；吳音的滲透，於現今的語言表現上仍然相當鮮明。在文學或音樂（聲明），或在建築、佛像、佛畫、佛具等方面，亦具有很大的影響。

總而言之，天台文化作為一種綜合的佛教藝術文化，在日本各種文化和思想領域中，都作出了巨大的貢獻，並產生了深遠的影響。

第一章　從誕生到青年時代

最澄生年十三，投大和上，即當國國分金光明寺補闕得度，即稟和上可歸心一乘。

最澄的出身

最澄生平的基本資料，一般都依據一乘忠所撰的《叡山大師傳》；因為僧人的名字往往用一個字來表示，所以從「忠」字。可以推測，作者或許是最澄的弟子「仁忠」；不過，最澄的弟子之中還有一位叫「真忠」的弟子，他撰寫此傳的可能性也很大。

《叡山大師傳》中開門見山地記道：「大師諱最澄，俗姓三津首，滋賀人也。先祖後漢孝獻帝苗裔，登万貴王也。」然後記述他父親的名字喚作「百枝」；通常便依據此說，而將「三津首百枝」作為最澄父親之名。但是，傳記中沒有記載最澄的出生年月。因此，若依據《叡山大師傳》來考察他的出生之年，只能從傳記中所記述的圓寂年月來推算。

根據《叡山大師傳》中記載：「弘仁十三年歲次壬寅六月四日辰時，於比叡山中道院，右脇而入寂滅。春秋五十六也。」同樣地，在最澄的弟子光定（七七九至八五八）所著的《傳述一心戒文》卷下中亦記道：「弘仁十三年四月十五日，預知入滅，付屬天台法並院內總事於前入唐弟子僧義真畢。六月四日，怡然遷化。春秋五十有六。」因此，最澄圓寂於弘仁十三年（八二二）六月四日，應是確實的時間。而從是年為五十六歲來推算誕生之年，應該是神護景雲元年（七六七）。此說一度成為定論，在日本具代表性辭書之一的《廣辭苑》便採用此說，因而世人常以之為根據。

但是，近年來，天平神護二年（七六六）之說頗為有力，另一頗具權威的辭書《日本國語大辭典》便採用此說。關於最澄傳記的研究，集大成的研究者要推佐伯有清（一九二五至二〇〇五）；在他的諸多著作中，關於最澄傳記的研究，有《傳教大師傳の研究》一書傳世。

天平神護二年（七六六）之誕生說，是根據京都來迎院所傳的國寶公文書的內容。此文書並非憑空而降，突然出現，早在江戶時代的《天台霞標》（二編之一）一書中就曾經引用過。不過，直到最近才有人主張，關於最澄的誕生之年，必須依據此文書的記載方能取信。此公文書包括「（近江國）府牒」（「國府牒」）、「度緣」、「僧綱牒」三種文書在內；前二者屬案文（複文），「僧綱牒」則是僧綱的押印以及親筆署名等的文書記錄。因較為複雜，依順序示之如下——

府牒　國師所

應得度壹人

三津首廣野年拾伍 滋賀郡古市鄉戶主正八位下三津首淨足戶口

讀法華經壹部　最勝王經壹部

藥師經壹卷　金剛般若經壹卷

方廣經開題具唱禮　金藏論我慢章壹卷

三寶論壹卷　俗典二卷

牒：被治部省去十月十日符偁，﹇被太政官今月五日符偁、﹇得近江國解偁、〈國分寺僧最寂死闕之替、應得度如件〉者，省宜承知依例施行﹈者，國宜承知依例得度﹈者，國依符旨牒送如件。宜察此狀依符施行。今以狀牒。

寶龜十一年十一月十日

大掾藤原朝臣係彥

【度緣】

沙彌最澄年十八 近江國滋賀郡古市郡戶主正八位下三津首淨足戶口同姓廣野

黑子 頸左一 左肘折上一

右被治部省寶龜十一年十月十日符偁、被太政官同月五日符偁、〈近江國國分寺僧最寂死闕之替、應得度〉者，十一月十二日、國分金光明寺得度

師主左京大安寺傳燈法師位行表

延曆二年正月二十日

大國師傳燈法師位行表

中國師傳燈法師

少國師傳燈滿位妙定

少國師習學住位花柏
國檢案內、省符灼然。仍追與度緣。
參議正四位下行左衛士督兼守藤原朝臣
從五位下介大伴宿禰繼人

在京 從五位下行大掾橘朝臣假
外從五位下行右衛士少尉兼少掾律連改
正六位上行大目調忌寸家主
從六位上行少目勳十一等酒部造入部
從七位上行少目秦忌寸在京

【僧綱牒】
僧綱牒近江國師
今年受戒僧事
僧最澄年廿 近江國滋賀郡古市鄉戶主正八位下三津首淨足戶口同姓廣野

黑子　頸左一　左肘折上一

牒。上件僧、以今年受戒已畢。國師承知、經於國司、編附國分寺僧帳。今以狀下。牒到奉行。

延曆四年四月六日從儀師常耀

大僧都賢璟　威儀師明道

少僧都行賀　威儀師乘萬

律師

律師玄憐

概而言之，以上文書的要點是，最初所記的「（近江國）府牒」是由近江國針對十月五日申請得度事宜，由太政官向治部省取得聯繫，然後由治部省在十月十日批准近江國得度公符，並於十一月十日發放「（近江國）府牒」的記載事項。具體內容是「寶龜十一年（七八〇），三津首淨足為戶主，十五歲的三津首廣野，因國分寺僧最寂滅度，而用最寂的名額來得度的事項。此文書發給的有效時間是在十一月十日的兩天之後，即記錄「度緣」的一件文書。此「廣野」即是出家為僧的最澄，而且「度緣」中以十八歲、「僧綱牒」中以二十歲的年次加以整合而成。「度緣」中還記有最澄的剃度師行表（七二二至七九七）的名字。「度緣」與「僧綱牒」還詳細地記錄了最澄的黑子（黑痣）所在的身體部位等。最澄在二十歲時於奈良東大寺受具足戒。

由此公文書可知，最澄的誕生之年為天平神護二年（七六六），因此，向來以五十六歲的生涯來記錄的通說就不足為據了，應該為五十七歲才正確。因此，本書以最新的「五十七歲說」作為依準來加以論說。

從誕生到成長

依據《叡山大師傳》之記述，可知最澄誕生時的情況。相傳，最澄的父親百枝將私宅改成寺院，經常禮佛、誦經；由此可見，最澄很早就有機緣接觸到佛教。百枝起初未得子女，於是為了祈求得到男孩，登山尋找祈願的聖跡；經過數日攀登尋覓，終於在比叡山的左山腳處找到了一座神宮，這是文獻中最初言及比叡山。關於此山的描寫，在《叡山大師傳》中有如下記述：

忽然名香馥郁、薰流巖阿。於是眾人共異，求覓香源，幸得驗地，創造艸菴（草庵），今呼神宮禪院是也。期一七日，至心懺悔。四日五更，夢感好相，而得此兒。

如上所述，因此地妙香清馨，遍滿山溪，故眾人感到奇異而皆來尋覓香源，於此處創建草庵，這便是如今的神宮禪院。百枝在七天的日程中，勤行懺悔；於第四天的拂曉前，感好相之夢，遂得到兒子。這就是關於最澄（廣野）誕生的傳說。除此之外，尋找其他資料，幾乎沒有記錄最澄誕生的詳情。

正如傳記《叡山大師傳》所載那樣，最澄在童年時期便十分優秀、聰明過人，父母有意隱藏其才能而不示於人；然而，從七歲至二十歲，仍漸為人知曉。《叡山大師傳》中記道：

年七歲，學超同列，志宗佛道；村邑小學，謂為師範，粗練陰陽、醫方、工巧等。年十二，投近江大國師傳燈法師位行表所，出家修學。表見器骨，亦知意氣，教以傳燈，令習學唯識章疏等。年十五，補國分僧闕，年二十進具也。

父百枝語言，我昔祈願三寶，夢得好相，有遇賢子，意樂既滿，心悅亦足；但先悔過，期日未滿，汝追修行，當補先缺。即奉教誘於叡嶽左腳神宮禪院，修行懺悔。未歷數日，忽自於香爐中，出顯佛舍利一粒，大如麻子。

文中所記十五歲和二十歲的內容，與公文書相同；但是，關於誕生之年的記載，如上文所述，有一歲之差。

最澄（廣野）在七歲的時候，便嚮往佛道；其優秀出眾，才智過人，正如《叡山大師傳》所說「村邑小學，謂為師範」。此處的「村邑小學」，學者一般都認為是即指當時的教育機構（學校）；但也有「村里學力低劣之人」之解，如佐伯有清所著的《若き日の最澄とその時代》（《年輕時期的最澄及其所處時代》）一書便作如此解釋。而「學超同列」一語，可直解為「同村邑中無學力之同代孩童」之意。總而言之，這些皆是對童年時期的最澄何等聰慧的描寫。

而最澄十二歲時，《叡山大師傳》中說，開始師從近江國大國師傳燈法師行表；實際上，在年歲上應該加上一歲，即十三歲為妥當。理由是，最澄晚年的著作之一《內證佛法相承血脈譜》中云：「最澄生年十三，投大和上，即當國國分金光明寺補闕得度，即稟和上可歸心一乘。」這段自述可為依據。

傳記又說，最澄於近江國分寺（金光明四天王護國之寺）得度，由廣野的俗名改為僧名最澄。得度之時所讀經典為《法華經》、《金光明最勝王經》、《藥師經》、《金剛般若經》等，並讀俗世典籍二卷。從上面所記的「近江國府牒」中也有記載。時為寶龜十一年（七八〇）十一月一二日，最澄時年十五歲。行表的老師，是中國唐代東渡日本的高僧道璿（七〇二至七六〇），其對禪、戒律、華嚴、天台等宗之教法悉皆通曉。

此外，其中尤為引起注意的是，就是行表的「當歸心一乘」的主張；因為，這一思想後來影響到最澄。最澄的生涯中始終堅持「法華一乘」，作為他的根本宗旨。

然而，行表這一主張，究竟是依《法華經》還是《華嚴經》建立其一乘思想？則沒有作出明確的表達。《內證佛法相承血脈譜》是最澄五十四歲（弘仁十年，八一九）的作品，由〈達磨大師付法相承師師血脈譜〉一首、〈天台法華宗相承師師血脈譜〉一首、〈天台圓教菩薩戒相承師師血脈譜〉一首、〈胎藏金剛兩曼荼羅相承師師血脈譜〉一首、〈雜曼荼羅相承師師血脈譜〉一首五種血脈譜而構成；而「當歸心一乘」的記述，則出於最初的〈達磨大師付法相承師師血脈譜〉一文。

這些血脈譜簡單說明了最澄所修習之禪、天台法華宗、密教、菩薩戒（大乘戒）、雜密等法門之傳承脈絡。眾所周知，《大日經》、《金剛頂經》是純粹的密教經典，在智顗（天台智者大師）的時代還沒有傳譯；最澄將此二經引入，使得本來就具有融合性特色的天台宗得到更上一層的進展與昇華。最澄將智顗的天台學加上密教要素，乃是時代的需要；而最澄對密教的積極吸收，在當時也已經不是太困難的事了。

《叡山大師傳》中提到，最澄曾在行表的指導下，學習過唯識的章疏等，由此可以推想其中種種的用意所在；不過《叡山大師傳》的意圖，應是為了做為「最澄很早便學得法相宗的唯識思想，於之後的『三一權實論爭』時，已具有相當的唯識學養，足以與法相宗人論爭」的鋪墊吧？

所謂「三一權實論爭」，就是三乘與一乘何為真實之教（實）？何為暫時的、權宜的教法（權）？即將此兩思想作比較，並進行辯論。不論如何，《叡山大師傳》的記載，是為了說明最澄對法相學——即唯識學——曾有過相當程度的鑽研。

最澄在延曆四年（七八五），二十歲受具足戒，「僧綱牒」所記是四月六日，這也可理解為受戒開始的日子是六日，不一定是得戒的日子；當然，這兩種可能都有。

當時在日本，能授受具足戒的包括東大寺、下野藥師寺與筑紫觀世音寺，並稱三大戒壇；最澄則是在東大寺受具足戒。

據《叡山大師傳》所記，最澄在二十歲那年進具；隨後因為其父百枝在神宮禪院修懺悔的日期未滿，其間終於得到神佛感應，現出奇瑞，即最澄有幸得以補近江國分寺之缺，而成為了這一年分中官寺之僧位。此事雖然沒有明確的時間記錄；但是，由此與《叡山大師傳》所記延曆四年七月中旬、最澄登比叡山的話題聯繫起來了。

天台密教

日本的密教，大致可二分為以最澄為宗祖的天台宗密教、和以空海為宗祖的真言宗密教二個派別；前者稱為「台密」，後者稱為「東密」。這種稱謂源自虎關師鍊（一二七八至一三四六）所著的《元亨釋書》卷二七「諸宗志」中的用語。

正如本書所論，最澄所創立的台密並非是整然一體的，而是尚不完整的密教。不過，最澄所創的獨特密教傳承，加上於日本天台宗裡與天台止觀修行法門相融會，即增設以遮那業（註一）為修行法門的教法，令最澄之後的日本天台宗，具備了劃時代的展開空間與發展餘地。

空海的密教是具備了以《大日經》為依經的胎藏界、以及據《金剛頂經》為依經的金剛界兩大部；最澄雖曾向空海請教過密法，但未能形成完整的傳法。台密的充實，後來由最澄弟子之一的圓仁（七九四至八六四）予以實現。

圓仁於承和五年（八三八）出帆入唐求法，於承和十四年（八四七）歸國。他在中國求法的記錄《入唐求法巡禮行記》，是一部詳細記錄當時中國佛教狀況的重要著名文獻。最澄與圓仁的「大師」稱號之勅謚，是在貞觀八年（八六六），亦即最澄的「傳教大師」稱號和圓仁的「慈覺大師」稱號。這是日本佛教史上最初的大師稱號。

空海所創立的東密是完成度很高的密教，「十住心教判」為其具代表性的思想之一。日本的密教在空海圓寂以後，一度轉為以台密為中心，而執日本佛教之牛耳。這是因為，空海的繼承者在如此完整的密法之上，欲加以新的要素而得以有新的發展，實有很大的困難。另一方面是，台密在圓仁入唐學得最新的密教後，彌補了最澄所創台密之不足，而達至能與東密相拮抗的高度水準；特別是與胎藏界、金剛界鼎立之蘇悉地部的傳入，使台密成為具備胎、金、蘇三部完整教法之密教。

其後，又有圓珍（八一四至八九一）入唐求法；在圖像與法具等方面，更有了凌駕於東密的宗勢。還有安然（八四一至八八九（一說為九一五歿））﹐集台密教理之大成，使得台密有了空前絕後的發展。安然即史稱「五大院安然」，是台密最為著名的學僧之一。

圓珍與安然，對空海所立的「十住心教判」進行了徹底的批判，由此成為台密確立後最為隆盛的時期；其間，東密方面一時並沒有提出任何反駁的理論。

所謂空海所立的十住心教判，就是其中判立第八住心為天台宗，第九住心是華嚴宗，最後第十住心是自宗、即真言宗（密教）。這種將天台宗判為置於真言密教二個級別之下的判釋法，自然是天台宗人難以接受的；經由圓珍和安然等的反論，爭得了與真言密教同等的地位。

【註釋】

註一：關於遮那業之內容，下文會論及。《大日經》的全稱為《大毘盧遮那成佛神變加持經》（Mahāvairocana Abhisaṃbodhi Vikurvita Adhiṣṭhāna Tantra），「遮那」即為「毘盧遮那」的簡稱。

第二章　入比叡山

愚中極愚、狂中極狂、塵禿有情、底下最澄，上違於諸佛，中背於皇法，下闕於孝禮。謹隨迷狂之心，發三二之願，以無所得，而為方便，為無上第一義，發金剛不壞不退心願。

〈願文〉——青年最澄的誓願

延曆三年（七八四），日本的都城由平城京遷到長岡京。就在遷都的第二年，最澄開始入山林潛修。《叡山大師傳》中記道：

以延曆四年，觀世間無常，榮衰有限；慨正法陵遲，蒼生沉淪。遊心弘誓，遁身山林。其年七月中旬，出離憒丙（註一）之處，尋求寂靜之地；直登叡嶽，卜居艸（草）菴。

由上文可知，最澄因深感世間無常、苦、空，遂決意隱遁山林，登比叡山結庵修行；明確的年月是延曆四年（七八五）七月中旬，足以引起注意。推算可知，最澄受戒後三個月便遁世入山。

這一年，近江國國分寺不幸遭受火災，殿宇盡失。雖然不知究竟是哪一個月失的火，但很可能與最澄離開國分寺、決意登上比叡山結庵修行有著相應的關係。學界中有學者持此說法。

據《叡山大師傳》所記，最澄與其他的修行者一起發心在山林中修行。文曰：「奉為四恩，每日讀誦《法華》、《金光明》、《般若》等大乘經，一日不闕。」意即，最澄為報「四恩」，而日誦《法華經》、《金光明最勝王經》、《仁王般若經》三部大乘經典，以祈禱國家安定。

所謂「四恩」者，唐代的梵僧般若（七三四至八一〇）所譯的《大乘本生心地觀經》中所言及「父母、眾生、國主、三寶」四種深恩。因為是西元八一一年翻譯完成的經典，學界一般認為最澄和空海不可能閱讀到此經。不過，即便如此，也未必是《叡山大師傳》的撰寫者潤色加筆。最澄所用「四恩」之語，本有諸種說法，究竟是指哪種四恩，因這裡並沒有明確說明，故也就不得而知了。

正如最澄在登叡山時有名文寫道：「且坐禪之隙，自製願文。」此願文曰：

悠悠三界（註二），純苦無安也；擾擾四生（註三），唯患不樂也。牟尼（註四）之日久隱，慈尊（註五）之月未照；近於三災（註六）之危，沒於五濁（註七）之深；加以風命難保，露體易消。艸堂雖無樂，然老少散曝於白骨；土室雖闇迮，而貴賤爭宿於魂魄。瞻彼省己，此理必定；仙丸未服，遊魂難留。命通（註八）未得，死辰何定？生時不作善，死日成獄薪。難得易移，其人身矣；難發易忘，斯善心焉。是以法皇牟尼，假大海之針、妙高之線，喻況人身難得；古賢禹王，惜一寸之陰、半寸之暇，嘆一生空過。無因得果，無有是處；無善免苦，無有是處。

伏尋思己行跡無戒，竊受四事（註九）之勞，愚癡亦成四生之怨。是故《未曾有因緣經》云：「施者生天，受者入獄。」提韋女人四事之供，表末利夫人福；貪著利養五眾之果，顯石女擔轝罪。明哉！善惡因果，誰有慙（慚）人，不信此典？

然則知善因而不畏苦果，釋尊遮闡提（註一〇）；得人身徒不作善業，聖教嘖空手。

於是，愚中極愚、狂中極狂、塵禿有情、底下最澄，上違於諸佛，中背於皇法，下闕於孝禮，謹隨迷狂之心，發三二之願。以無所得（註一一）而為方便，為無上第一義，發金剛不壞不退心願。

我自未得六根相似位以還，不出假。〈其一〉

自未得照理心以還，不才藝。〈其二〉

自未得具足淨戒以還，不預檀主法會。〈其三〉

自未得般若心以還，不著世間人事緣務，除相似位。〈其四〉

三際中間，所修功德，獨不受己身；普回施有識，悉皆令得無上菩提。〈其五〉

伏願：解脫之味，獨不飲；安樂之果，獨不證。法界眾生，同登妙覺；法界眾生，同服妙味。若依此願力，至六根相似位，若得五神通（註一二）時，必不取自度，不證正位不著一切。

願必所引導今生無作無緣四弘誓願，周旋於法界，遍入於六道（註一三），淨佛國土，成就眾生，盡未來際，恆作佛事。

以上這段文章，充滿著最澄青年時期純粹而強烈的自省，由反省與懺悔而發五種誓願，以佛教的觀點表達了自己的人生觀。一般都認為，這是二十歲時的最澄借鑑了某種文獻而寫就的願文。由此可見，這時的最澄，顯然對天台學還沒有通曉；那麼，對「六根相似位」和「出假（即進入虛妄的世間之意）」等天台用語，是如何來理解的呢？有關願文的相關內容，以下便參考前人的研究成果，略作論述。

首先是開頭的「悠悠三界」之用語。有學者認為，可參考《東大寺獻物帳》（依據日本「國立國會圖書館電子資料」）而記載的光明皇太后之「奉為太上天皇，捨國家珍寶等，入東大寺願文」之內容，則可以確認其相似處。另外，如玄奘（六〇二至六六四）的上表文，即〈請入嵩嶽表〉中有曰：「凡夫闕而沉生死，由是茫茫三界，俱漂七漏之河；浩浩四生，咸溺十纏之浪。」也可找到類似的文句。

對於人命之短促與虛誕，最澄曰：「生時不作善，死日成獄薪。」而在說人身難得時，他援用了佛典「假大海之針」、「妙高之線」的譬喻，意即得到人身恰如尋找丟進大海裡的針那樣難得；這是參照了竺佛念翻譯的《菩薩處胎經．卷六》的相關內容。「妙高之線」則是指，從須彌山（又稱妙高山）上垂下線來要剛好穿過針孔固然不易；而人身之難得，實是有過之而無不及。此譬喻是依據《提謂經》，也可從《法苑珠林．卷二十三》的引文中得以確認。在這裡值得注意的是，引文與《法苑珠林》一樣的部分；雖有人認為最澄是引用了《菩薩處胎經》之偈文，但依據《法苑珠林》的可能性更大。

接著，最澄援用了中國古賢禹王惜取寸陰的典故，是依據《晉書》的記載。但是「一生空過」之語，在《佛遺教經》（《佛垂般涅槃略說教誡經》）也有：

> 初夜、後夜，亦勿有廢。中夜誦經以自消息，無以睡眠因緣，令一生空過無所得也。當念無常之火燒諸世間，早求自度，勿睡眠也。

關於此段經文，與老師鑑真大和上一起東渡日本的律宗大德法進（七〇九至七七八）所撰的《沙彌十戒并威儀經疏．卷一》中有「遺教經云」之引用，《天台小止觀》中也有幾乎相同的「經云」之內容。

此〈願文〉明言所依典據為《未曾有因緣經》，想必是最澄直接援用了經中之軼事：曾向五比丘布施、行過四事的「提韋女人」，後來投胎以「末利」之名成為波斯匿王夫人。首先，〈願文〉中「施者生天，受者入獄」之文，是根據《未曾有因緣經．卷上》「善人死者，福應生天，受五欲樂；惡人死者，應入地獄，受無量苦」之內容；受「石女擔轝」（輿）之罪的五人，在同經中也可得以確認。

不過，《未曾有因緣經．卷上》中，只有四個石女擔輿的描寫而不是五人。五比丘與提違（提韋）的故事，在同經卷下有記述，五人中四人受擔輿之罪報，另一人則常在宮內為「修治廁溷除糞者」。此《未曾有因緣經．卷下》所記之軼事，在天台宗第六祖湛然（七一一至七八二）所撰的《止觀輔行傳弘決・卷一之三》中也有引用。雖然，最澄從何人、在何處得閱此經典無可考證，但此經為最澄早年所讀經典之一無疑。

然後是「聖教嘖空手」之語。以前有學者認為「空手」之表述，是依據唐代般若所譯《大乘本生心地觀經・卷六》中之「如人無手，雖至寶山，終無所得」之句。但是，在長安時，般若直接面呈給空海（七七四至八三五）諸種經典時，此經典他還沒有翻譯；因此，最澄是不可能看到的。而且，這裡是「無手」，而不是「空手」，經文的意思是：若人無手，則無法將寶物帶回去；這與如入寶山「空手」而返、什麼都沒有拿回去的意思不同。如果一定要依據般若所譯的經典，筆者認為，應該依據其所譯之《大乘理趣六波羅蜜多經・卷一》所云「亦如有人乘船入海，至於寶所空手而歸」的經文還比較貼切。不過，從翻譯的時間來看，最澄是不可能讀到此經的。

不過，在《摩訶止觀．卷四》下有「如入寶山，空手而歸」的文句；而且，在《止觀輔行傳弘決．卷四之四》中也有「當知出家之人，寶山悉至，寧空手歸？」的註釋。最澄有可能是依據天台的祖述也說不定。

回顧過往之研究，智顗的《天台小止觀》（《修習止觀坐禪法要》）等文獻資料每每被後世學人所援用。如法進的《沙彌十戒并威儀經疏》一書，很可能是最澄早年所讀典籍之一。因為，最澄在起稿〈願文〉時，對天台學幾乎沒有涉獵過，而是透過學習法進的《沙彌十戒并威儀經疏》而間接習得天台學的某些用語；當然，《天台小止觀》一書最澄還是有可能讀過的。

至於「空手」一詞的敘述，在《天台小止觀》有「信心無故，於佛法中，空無所獲；譬如人入寶山，若無有手無所能取」之文，《沙彌十戒并威儀經疏．卷一》則有「信心無故，於佛法中，空無所獲；譬如有人入其寶山，若無有手無所能取」之幾乎相同的直接引用。從「無有手」轉換為「空手」，不能不說有些牽強。「有手」是學佛人對佛教有「信」的一種比喻，這與入寶山空手而歸的意思顯然有所不同；前面提及的《止觀輔行傳弘決．卷四之四》中，也無「空手」之用法，只是說「無信」與「無手」相似而已。

作為青年僧人的最澄，自述自己是「愚中極愚，狂中極狂，塵禿有情，底下最澄」，這充分含有對自己的深刻反省與懺悔。「愚」和「狂」的說法，按以前的研究，認為是借鑑了《天台小止觀》和《沙彌十戒并威儀經疏．卷一》的文句，示之如下：

《天台小止觀》——

當知此之二法，如車之二輪、鳥之二翼，若偏修習，即墮邪倒。故經云：「偏修禪定、福德，不學智慧，名之曰愚；偏學智慧，不修禪定、福德，名之曰狂。」狂、愚之過，雖小不同，邪見輪轉，蓋無差別。若不均等，此則行乖圓備，何能疾登極果？

《沙彌十戒并威儀經疏．卷一》──

當知定、慧之二法，如車備二輪、鳥全兩翼。戒如捉賊，定如縛賊，慧如殺賊，如鐺三足，闕一不可。若不持戒而修定者，名有漏定；不從戒、定而修慧，名有漏慧，并不能斷除煩惱等三障也。故經云：「偏修禪定、福德，不修智慧者，名之曰愚；偏學智慧，不修禪定、福德者，名之為狂。」狂、愚之夫，未能出於生死，何能疾證無上極果？

將《天台小止觀》與《沙彌十戒並威儀經疏．卷一》之文予以比較，法進很明顯地在引用時作了言辭的補充，將本來是定、慧相應不二的說法，改為戒、定、慧鼎足而立的論述。不過，法進基本上依舊採用《天台小止觀》的觀點，亦即用定、慧二法來說明狂、愚之問題，也就是定、慧二法，如車之兩輪、鳥之兩翼，是缺一不可的。所謂「愚」，就是只有定力（實踐）而無慧力（學問）；所謂「狂」慧，即只有慧力（學問）而無定力（實踐）的懈怠者。這是兩書所明確定義的要點。

如果尋究所依據的佛經，較為相同的陳述是《四念處・卷一》所云：「經說多修福德，名為愚；多修智慧，名為狂。」或者是大本《四教義・卷四》所云：「如經所說，多修福德、禪定，不修智慧，名之為愚；多修智慧，不修福德、禪定，名之為狂。」智顗的說法或許是將經文加以活用，但是他並沒有詳細言明究竟是依據什麼經典。

接下來談談〈願文〉中所說的「三二之願」；這裡的「三」與「二」的關係是加法，而不是一般常用的乘法——合計為五願。此五願中最重要的是明確說明了六根相似位（亦稱相似即）的修行次第，並以修至此位作為目標立誓：如果不能達成，就決不下比叡山。

相似位是天台學所立六即位的第四行位。眾所周知，天台宗的教判為「藏、通、別、圓」四教判，最完滿的是圓教的修行次第，亦即「六即」，這是依據

《法華經》為根本經典的天台宗之重要教義。如將此六即與圓教五十二位來作對照，可示之如下：

「六即」	「五十二位」
理即	
名字即	
觀行即	五品弟子位
相似即	十信位
分真即（分證即）	十住位
	十行位
	十迴向位
	十地位
	等覺位
究竟即	妙覺位

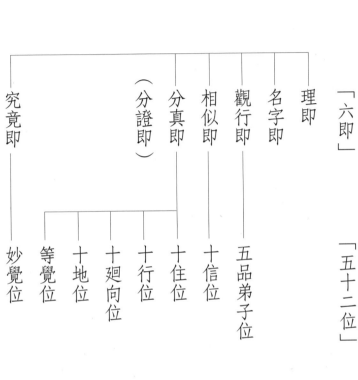

六即之中，「分真即」（分證即）是得到部分覺悟的意思，「究竟即」則是完全的覺悟。分真即與究竟即是配置在五十二位中十住以上的四十二位裡面，是依次斷除四十二品無明的位階。從分真即起初入聖者之位，之前則是凡夫位。最澄所追求的目標是，分真位之前的「相似即」位階。在凡夫位中，到達相似即之前稱為「外凡位」，證得相似位之後才入「內凡位」，這正是最澄的願文所想達至的目標。

所謂相似位，就是達到與佛的境界相似之意，即眼、耳、鼻、舌、身、意六根都到了清淨的境界。「即」，就是指在修行中漸次地接近完滿究竟之佛境界的意思；實際上也可理解為，此處的「即」含有與妙覺位的佛並非互異的存在之義。其實在《隋天台智者大師別傳》中，智者大師為實現利他行而廣度一切眾生，並不追求六根清淨的相似位，而是志在於達到十信位之前的五品弟子位（觀行即）；由此可以理解，智者大師認為自己證得的是觀行即之位而已。

由此可知，要達到相似位並非易事。

雖然如此，天台教義中，在一期的生命中證入分真位，還是作為其修行的基本方向；而且，在最澄的〈願文〉之末，還有發願當與眾生共登妙覺位的崇高理想。所謂妙覺，即是指究竟即，意為達到究極的佛位，這當然是非常不容易實現的遠大誓願和崇高理想。

僅由上述內容，很難判定當時的最澄對天台學理解程度的深淺。應該說，他對《天台小止觀》所闡述的天台教理有著一定的理解和認識，即便他可能只是參考了《沙彌十戒并威儀經疏》的內容；不過，此經卷五是引用了《天台小止觀》以及天台智者大師的理論；因此可以認為，最澄對天台的文獻與思想已有了初步的理解與認識。

從第一願來看，最澄發願，不到六根相似位決不「出假」。「出假」一語，自然是天台用語，可解釋為「進入假中」（日語表達為「假に出る」），而不是「單純將假捨去」（日語表達為「假を出る」）之意。最澄於此發誓：如果證不到六根相似位，就決不離開日夜修行的比叡山而往市井中去。

而第二願是發誓，如果到達不了以理照心的證悟，便不學任何世間的才藝。根據《天台小止觀》的「息諸緣務」的四意中包括：「三，息工巧、技術緣務，不作世間工匠、技術、醫方、禁呪、卜相、書數、算計等事。」最澄發誓的第二願與此第三的「息工巧、技術緣務」有異曲同工的涵義。

之所以必須息除諸緣務，是因為，從事世間的事務，會引起內心的紛亂而妨礙純一的修行。從上面已述傳記可知，最澄（廣野）在少年期（七歲）時便在「村邑小學，謂為師範」；此外，在《叡山大師傳》提及他「粗練陰陽、醫方、工巧等」，即大概通曉了陰陽、醫方、工巧等世俗知識。從現存的最澄墨寶來看，他的書法極為優美清秀；可見，他在少年期學習了各種才藝與技能，而且達到了相當的高度。總而言之，由此可知，最澄為了道業，發誓不再拘泥和迷戀世間的一切技藝。

從第三願來看，是發誓如不具足淨戒具足，就不去參加檀主（施主）所設的任何法會。而第四願表明，不得般若心之前，不涉及世間的人事與緣務，這是最澄為了達到相似位而禁絕的有關事項與內容。可以說，達到相似位是此〈願文〉的主要特色。關於不涉及世間人事與緣務的條規，便如《天台小止觀》「息諸緣務」第三所述，具體內容如下：

一、息生活緣務：不作有為事業。

二、息人間緣務；不追尋俗人、朋友、親識，斷人事往還。

三、息工巧、技術緣務：不作世間工匠、技術、醫方、禁呪、卜相、書數、算計等事。

四、息學問緣務：讀誦、聽學等，悉皆棄捨。

此為息諸緣務。所以者何？若多緣務，則行道事廢、心亂難攝。

正如上文所說，為了不妨礙道業，必須擺脫生活的緣務、人間的緣務、工巧與技術的緣務、學問的緣務這四類緣務。最澄所立的第四願「不著世間人事緣務」，無疑與其中的生活的緣務和人間的緣務有著直接關係；然而，這類內容在《沙彌十戒并威儀經疏》中卻不存在。以此推測，最澄之〈願文〉所參照的典籍，不外乎是《天台小止觀》與《沙彌十戒并威儀經疏》這兩部書。

第五願的內容是，修行的功德不只在於自我完成，而是為了與諸眾生同證無上菩提。此願文還接著說：「伏願：解脫之味，獨不飲；安樂之果，獨不證。法界眾生，同登妙覺；法界眾生，同服妙味。」願與諸眾生共登妙覺之位，這是與同證無上菩提同一意趣的。

於此可知，最澄所立的誓願為，首先想達到六根相似位。〈願文〉的最後記述道：「願，必所引導今生無作、無緣四弘誓願，周旋於法界，遍入於六道，淨佛國土，成就眾生，盡未來際，恆作佛事。」即發願於未來永劫，救度眾生，常行佛事。這裡讓人注目的是「今生無作、無緣四弘誓願」之語；所謂四弘誓願，是如下所示之佛教中廣為人知的四種誓願：

《摩訶止觀》・卷五上

眾生無邊誓願度
煩惱無數誓願斷
法門無量誓願知
無上佛道誓願成

《摩訶止觀》・卷十上

眾生無邊誓願度
煩惱無量誓願斷
法門無盡誓願知
無上佛道誓願成

諦觀《天台四教儀》

眾生無邊誓願度
煩惱無盡誓願斷
法門無盡誓願學
佛道無上誓願成

佛教的誓願雖有很多，但是最為人所知的無疑是有名的四弘誓願：濟度眾生、斷除煩惱、勤學佛教諸法、證得無上佛道；這四項內容，是作為大乘佛弟子所共同具有的目標與理想。而無作、無緣中的「無緣」是指不區別對象，即平等對待、不偏不黨的意思。第一誓願的「眾生無邊誓願度」，是表示對六道中的一切眾生不加以分別而廣度救濟的崇高理念。

而所謂「無作」，無疑與天台教理的內容有關；而且，這個用語在天台學中乃是極為重要的關鍵詞之一。因為，在天台學中所說的四諦說，是按生滅、無生、無量、無作四種四諦來加以分類的；而且，更以藏、通、別、圓四教來加以對應；而「無作」一語，即與天台圓教相配置。

由此可知，早年的最澄已在一定程度上具備了天台學的基本素養。以下還會論述到，在最澄晚年將「無作三身」之語作為自宗的佛身觀；因此，願文中對「無作」一語的援用，顯然就不可忽視了。

以上說明了〈願文〉的內容。以既往的研究而言，比較有突破的就是認為最澄承襲了法進所著的《沙彌十戒并威儀經疏》的內容。雖然如此，必須指出的是，《沙彌十戒并威儀經疏》一書本身的相關論述，也是引用了《天台小止觀》的內容而作了相應的發揮而已。當然，《天台小止觀》是一部天台學中的短篇著作，從鑑真的學養等方面來看，其弟子法進很有可能看過《天台小止觀》。

最澄的〈願文〉寫於二十歲的時候，對天台學自然不會了無所知；況且，〈願文〉中所體現的天台用語也不具有特殊性，而是屬於基本性的用語。不過，在下章節會論述到，最澄當時對天台宗基本上仍處於認知不深的階段。就像在《叡山大師傳》所記那樣，把〈願文〉的用語都歸於《沙彌十戒并威儀經疏》一書；今日，則考察最澄具備天台學的若干知識，很可能是同時來自《天台小止觀》與《沙彌十戒并威儀經疏》二書，或者是重點參看了其中一書，從而完成了這篇初具天台學風格的〈願文〉。

四教與行位

眾所周知，天台宗的教判是以「五時八教」為體系而加以展開的，特別是被稱為《諦觀錄》——即諦觀所撰寫的《天台四教儀》中所示的教義尤為著名，這是對於智者大師開啟之天台學的一部整合性著作。

然而，此書並非完全沒有問題；關於此書的學說，後來引起了論爭，具體內容可以參照關口真大編著的《天台教學の研究》（大東出版社，一九七八）一書。但是，從整體內容概觀，對學人仍頗多助益。首先，將「五時八教」予以圖示——

大寶守脫《天台四教儀講述．卷一》

「五時八教判釋之圖」

所謂「五時」，是指「華嚴時、鹿苑時（阿含時）、方等時、般若時、法華涅槃時」五個佛陀說法的階段，即指釋迦一代近五十年裡的說法，按照順序以五時分類，並形象地以乳味、酪味、生酥味、熟酥味、醍醐味等牛奶的五味變化加以配對，其中的最上位「法華涅槃時」即是醍醐之味。

所謂「八教」，是指化儀四教與化法四教。「化儀四教」定為頓、漸、祕密、不定四種，「化法四教」則判為藏、通、別、圓四種。此二種四教中，天台學基本上多以藏、通、別、圓四教為主要說法內容。

「藏教」即三藏教，內容以說明小乘佛教的主張為其特色，而其行位論則以阿羅漢果（無學果）為最高位階。「通教」是以乾慧地為初地、直至第十地為佛地的相同十地作為位階。別教則是以十信、十住、十行、十迴向、十地、等覺、妙覺的五十二位所立的位階為其內容。關於五十二位，前文已有所言及，同樣也是圓教所立的行位；不過，兩者在凡、聖的配對上具有不同的意義。

別教是由不共十地中最初的歡喜地進入聖位，即從初歡喜地到第十法雲地為止的十地加上等覺及妙覺兩行位，而合成十二地的聖者之位。圓教則從初住位即成聖位，合計有四十二位聖位；

而且，天台學是將別教的初地和圓教的初住相結合來作為位相而論。

圓教除了五十二位以外，還有自己獨特的行位，即六即位，如前所述。圓教的初住位，在六即位中以分真即（分證即）為初，這是天台學中極為重要的行位。例如，以《華嚴經》為基準的「初發心時便成正覺」之經說，在天台圓教中置於初住位；《法華經·提婆達多品》中的「龍女成佛」（即身成佛），也是以初住成佛作為其根本教說。

探求天台文獻以及一切經論

據《叡山大師傳》所記，當時看到最澄〈願文〉後的高僧內供奉壽興，由此願與最澄結下了牢固的法契。可是，最澄在比叡山中能閱讀到的文獻畢竟有限；所以，傳記中在「一山有限」一語之後寫道：

於是，大師隨得披覽《起信論疏》并《華嚴五教》等，猶尚天台以為指南；見此文，不覺下淚，慨然無由披閱天台教迹。是時邂逅值遇知天台法文所在人，因茲得寫取《圓頓止觀》、《法華玄義》并《法華文句》疏、《四教義》、《維摩疏》等。此是故大唐鑑真和上將來也。適得此典，精勤披閱；義理奧賾，彌仰彌高，隨鑽隨堅。本佛本懷，同開於三乘之門戶；內證內事，等付於一乘之寶車。

傳記的後續記事則到了延曆十六年（七九七），此時最澄已經三十二歲；從二十歲入比叡山修行，已經歷時十二年了，這期間動靜則無所記錄。不過，這裡具體論及最澄與天台法門相接觸的內容。最澄二十歲那年在執筆〈願文〉

時，的確沒能廣泛閱讀天台學的基本文獻；只是，最澄於當時能翻閱天台宗文獻的由來之說明無疑是過於簡略了些。問題是，在此之前，寫下〈願文〉時的最澄，對於天台學知識的欠缺，傳記作者所作出的嚴密劃分，似乎有點言過其實。最澄在思想體系上雖然對天台學未嘗通曉，但不能說他對天台思想仍一無所知。即便從《天台小止觀》與《沙彌十戒并威儀經疏》等書籍中，還是足以對天台教義有所概觀的。

傳記中所記內容，對後來討論最澄成為日本天台宗的宗祖、以及最澄與天台宗的關係等問題時，常是具有極為重要意義的一部分。在當時文獻不充足的比叡山中，最澄披覽了中國華嚴宗三祖法藏所著的《起信論疏》（《大乘起信論義記》）以及《華嚴五教章》等典籍。他在讀法藏的論書時，得知法藏在作華嚴宗的判教等內容，仍尊天台之說、並以之為指南，不由感淚沾襟。特別是在《起信論疏》（《大乘起信論義記．卷下末》）中引用了《天台小止觀》

的文句，即「廣如天台顗禪師二卷止觀中說也」一文時，不勝感慨之至。儘管最澄在比叡山內，遺憾地無法直接讀到與天台有關的經典文獻，但還是有緣與熟知天台法門的道友相邂逅，並得以抄錄到《圓頓止觀》、《法華玄義》、《法華文句》（也稱《法華疏》）、《四教義》、《維摩疏》等重要典籍；這些典籍，是唐代鑑真和上東渡帶來的。從淡海三船所撰寫的鑑真傳記《唐大和上東征傳》等，可以得知鑑真攜有上述等諸種文獻。

但是，其中與《維摩經》相關的著作，來由不甚清楚。最澄所著述的《顯戒論》，所引用的不是荊溪湛然所著的《維摩經略疏》，而是智者大師的《維摩經文疏》；此書據說亦是鑑真東渡時攜來的典籍之一。

另外，關於《圓頓止觀》，根據最澄在後來所著述的《守護國界章·卷上之下》寫道：「又，招提之真大和上，並東大寺法進僧都，以及普照法師將來之第二本之十卷《圓頓止觀》，江州梵釋寺之一切經內之所寫之正本中云：

「《涅槃》第八云：凡夫如乳……」頗令人注目。

於此文中，最澄與德一論爭時，關於引用《摩訶止觀・卷三下》所援用的《涅槃經》卷數之議論時，說明了此處正確的經證內容為第八卷，這裡論及了是依據鑑真等所傳來的別本之「第二本《圓頓止觀》十卷」的內容。由此得知，最澄已閱讀了近江國滋賀郡梵釋寺收藏、鑑真帶來的相關典籍。不過，最澄入唐時請來的《摩訶止觀》與現行本相同，可推測也為「第八云」。現在，此本鑑真傳來的《圓頓止觀》已散逸。

最澄有幸得到這些天台典籍，經過刻苦研鑽，充分理解了立聲聞、緣覺、菩薩為三乘乃是方便，只有一乘才是真實的妙理，對佛的本懷有了很深刻的理解與認識。

天台宗是以《法華經》作為根本經典，以闡述一乘思想為基本立場，提倡開三顯一（會三歸一、開權顯實）的教義。為了開顯此宗旨，最澄晚年與法相宗高僧德一展開了「三一權實」論爭，即對於「三乘與一乘何者為佛的真實教理」進行了激烈的論爭。

據《叡山大師傳》中，關於延曆十六年（七九七，大師三十二歲）、延曆十七年、延曆二十年（八〇一，大師三十六歲）事蹟的記載，可知最澄於這一期間布教活動進行得最為活躍；而在此之前，對於最澄的弘法情況的記載，的確不是太詳細。

當時，桓武天皇於延曆十三年（七九四）決定再次遷都到長岡平安京；此時，最澄隱修於比叡山。這次遷都的理由，一般認為是由於早良親王（崇道天皇）怨靈作祟的緣故。關於此事，後來還促進了最澄和桓武天皇之間的交流。比叡山是處於平安京的鬼門，即艮（東北）的位置，因此具有鎮守皇城的作用而被尊為聖山。

最澄在二十歲以後的宗教活動，隨著歲數的增加，多半記錄了一些傳說性的事蹟。比較有代表性的是，在延曆七年（七八八，大師二十三歲）時，創建了一乘止觀院（現在的根本中堂），親自雕刻並安置了等身藥師如來像等天台宗歷代相傳的佛像等軼事。光定的《傳述一心戒文・卷中》記錄了在中堂裡安置藥師佛的事；由此可知，自最澄以來的藥師如來信仰的確是一脈相承的。不過，傳說中最澄所作的藥師像究竟是何樣式？關於藥師佛的雙手所結何種印契？所持何物？有多種傳說，究竟真相如何，難知其詳。

還有，在延曆十年（七九一，大師二十六歲）時，被授予「修行入位」的僧位，這是僧綱中的最低僧位。現存的文書中記道：「年三十，臈十」，即年齡為三十歲，法臈（法臘）為十年。這無疑是很有疑問的記載。

此外，在《叡山大師傳》中關於延曆十六年的記事，說最澄被朝廷任命為「內供奉」之職。內供奉也稱為內供奉十禪師，即入宮中內道場舉行護持天皇，並祈禱疾病痊癒等法會的高僧。得此高位，不僅有安定的收入，更有抄錄了書寫一切經論的機會。《叡山大師傳》記述道：

以延曆十六年，天心有感，預內供奉例（異本「例」字刊為「列」）。以近江正稅，充山供費；中使慰問，山院無絕。於是發弘法之心，起利生之願。時告談弟子經珍等，我思寫一切經論章疏記等，凡在弟子，各奉教喻，隨梵網之教，依涅槃之文，一心同行；助寫一切經者，叡勝、光仁、經豐等。大師隨寫隨讀，晝夜精勤披覽新經，粗悟義理。

如上所述可知，以近江國的正稅來作為山供的費用，而且列舉了初期弟子的名字。最澄首先向經珍等弟子提了欲寫一切經論章疏記等的想法，然後囑咐叡勝、光仁、經豐等弟子們必須幫忙書寫《梵網經》和《涅槃經》等相當於一切經的諸種經典。關於經典的授受，有受持、讀誦、解說、書寫，或者將讀誦分為受持、讀、誦、解說、書寫（五種法師）；因此，並非只有書寫才是重要的。這裡記載最澄不分晝夜地讀誦，大抵通曉了諸經的義理。

然而，因在比叡山中尚未具備一切經，所以最澄設法蒐集諸種必讀經書。正如在《叡山大師傳》中記載：「唯願七大寺，寺別僧眾鉢別受一匙之飯，充經生之供。即差使經藏、妙證等，謹勒願文，看於諸寺。」意為，向南都（奈良）七大寺的諸寺僧眾請求給抄經的經生施與鉢中一匙之米，以充經典書寫之費用。將此願文送往南都的是經藏、妙證（澄？）等弟子。所言之七大寺，即奈良東大寺、興福寺、西大寺、元興寺、大安寺、藥師寺、法隆寺等七個重要寺院。

響應最澄之願望的是大安寺沙門聞寂；聞寂與大安寺別院龍淵寺的眾僧，一起幫助最澄實現書寫一切經的大願。大安寺是最澄之師行表的本寺，行表圓寂之年為延曆十六年（七九七）。而協助充實比叡山經藏的是稱為「東國化主」的道忠師，文中記曰：

又有東國化主道忠禪師者，是此大唐鑑真和上持戒第一弟子也；傳法利生，常自為事。知識遠志，助寫大小經、律、論二千餘卷；纔及滿部帙，設萬僧齋，同日供養。今安置叡山藏，斯其經也。

據此可知，道忠是鑑真的弟子，有「持戒第一」之譽，是很可能與三戒壇之一的下野國藥師寺有關係的高僧。當他知道最澄的遠大志願，便發心助寫大乘和小乘的經、律、論二千餘卷，並以此安置比叡山中供奉。這就是比叡山之一切經的集成。之後在比叡山又不斷充實了經論章疏，漸次確立了比叡山經藏。

另外，在東國活躍的還有道忠的弟子下野國廣智，他也甚為有名。到了圓仁（七九四至八六四，第三代天台座主）、安慧（七九四至七九五或至八六八，第四代天台座主）等最澄之高弟的世代，他的很多優秀弟子，有不少就出自於廣智門下。武藏國埼玉郡出身的圓澄（七七二至八三七，第二代天台座主），原是道忠的弟子，大安寺為其本寺；圓澄上比叡山成為最澄的弟子，是在延曆十七年（七九八）。

法華十講

最澄於延曆十七年（七九八，大師三十三歲）冬十一月，勤修了「法華十講」的法會。所謂十講，即開講《法華經》八卷以及「法華三部」之開經《無量義經》一卷與結經《觀普賢菩薩行法經》（亦稱《普賢觀經》、《觀普賢經》）一卷，合計十卷經典的講義。那一年的法華十講於霜月會開始，以後便每年例行。此事乃是因為智者大師的忌日在霜月，具體時間是十一月二十四日，所以於十天前開講，二十四日圓滿。

這無疑是最澄所期望做的要事。在《叡山大師傳》中云：

國有七大寺，寺有六宗；宗有博達之人，人有強弱之智。雖知卑小艸菴不能容龍象，而莊嚴一會之小座，屈請十箇之大德，講演三部之經典，聽聞六宗之論鼓。

這段乃是說，最澄希望招請南都七大寺中相傳學派六宗，即法相宗、三論宗、律宗、華嚴宗、俱舍宗、成實宗的碩德十人至寺中，以舉行法華十講。邀請書的內容如下：

叡山最澄，稽首和南十大德足下。最澄發起奉傳法華深心大願也，誠願蒙有緣厚顧，欲敷天台教迹釋。若許遍（通）告，答此文，署寶號。然則淨行之願（註一四），不空此間；普賢之誓，有實沙界。有緣善友，百年之後，詣知足院（註一五）；一面之始，悟無生忍（註一六）。不任住持佛法之至，陳請以聞。

關於恭請十大德以開法華十講之事，《叡山大師傳》中首先記曰：「是以二十年十一月中旬，於比叡峰一乘止觀院，延請勝猷、奉基、寵忍、賢玉、〔歲光〕、光證、觀敏、慈誥、安福、玄耀等十箇大德。」延曆二十年（八〇一）霜月中旬，在陋小艸菴一乘止觀院（後為比叡山延曆寺）開講了法華十講。被招請者除勝猷以外，還有九位大德的生平事蹟不甚明了，想必是活躍於南都奈良的法相宗與三論宗之學問僧。對於《法華經》的教理，法相（唯識）宗有基（窺基）法師的《法華玄贊》，三論宗有吉藏法師的《法華義疏》，想必當時的講義一定展開了十分熱烈的議論。在《叡山大師傳》有如下記載：

時諸大德，赴應此請，各講一軸。振法鼓於深壑，賓、主徘徊三乘之路；飛義旗於高峰，長幼摧破三有之結。猶未改歷劫之轍，混白牛於門外；豈若昇初發之位，悟阿荼於宅內。各結芳志，座終而去矣。

由此記錄可知，參加講義的大德高僧們與主辦的東道主最澄之間，對三乘和一乘的教理等相互之間作出了有益的交流，「各結芳志」，與盡而散；不過，也有諸大德之見解與最澄的立場不盡相同之說。關於這個問題，後章會再予以討論。

最澄是以天台學為依止，否定歷劫成佛，而主張即身成佛；換言之，是主張速疾成佛之說。特別是文中所記：「猶未改歷劫之轍，混白牛於門外；豈若昇初發之位，悟阿荼於宅內。」很明顯地體現了最澄以天台學為本義的根本立場。

眾所周知，有名的三界火宅之喻，是《法華經．譬喻品》所說；而將三乘視為真實的法相宗，主張成佛須歷劫修行，與《法華經》中所說羊、鹿、牛的三車和大白牛車的意義不同。最澄認為，這種見解遠不及天台宗所主張的「昇初發之位，悟阿荼於宅內」的高度。上文記述的內容，雖稍見難解之處，但明顯是站在以天台學為根本的立場所撰述的。

初發心者，是指初發心住，即四十二位最初的初住位，此位始為聖者位。若按六即而言，則為分真即（分證即）的最初。天台學中的此位，依據六十卷《華嚴經》所說「初發心時便成正覺」之經句來理解，亦即初發心之時便得正覺。天台宗則將四十二位配合悉曇（梵字）的四十二字門來予以詮釋：最初是「阿」字，最後是「荼」字；若阿字之後的四十一字功德具足，便初住位之悟也具備了妙覺位所有的功德，以此作為天台菩薩行位論的立足點。

最澄認為，三界雖屬於宅內，但能到達初住位，即與最終的即身成佛思想相連貫。日本天台宗的即身成佛論，是以初住（分真即）來立論，乃是從最澄開始。但是，成佛時的身體是屬於三身（法、報、化）中的哪一身？這無疑為後來的承繼者造成不可避免的議論課題。

在此暫且不予討論這個問題，擬在後章再議。然而，在《叡山大師傳》中，對當時最澄的基本思想已有所涉及，不能不說是饒有趣味之事。

後來，最澄在入唐留學時帶上了《屈十大德疏》十卷，這應該是延曆二十年舉行的法華十講的記錄內容。

在高雄山寺的天台講演

在《叡山大師傳》中，接著還介紹了和氣弘世（廣世）和真綱兩兄弟。這兩人是和氣清麻呂（七三三至七九九）的兒子，乃是最澄的重要護持者。文曰：

時有國子祭酒吏部〔侍〕郎朝議大夫和氣朝臣弘世并真綱等。生自積善，傳燈為懷；宿緣所追，奉侍大師。靈山之妙法，聞於南嶽；總持之妙悟，闢於天台。慨一乘之擁滯，悲三諦之未顯。以二十一年正月十九日，延善議、勝猷、奉基、寵忍、賢玉、安福、勤操、修圓、慈誥、玄耀、歲光、道證、光證、觀敏等十有餘大德，於高雄山寺講演天台妙旨。

在這裡所記「宿緣所追，奉侍大師」之語，是說明和氣弘世和真綱兩兄弟，與最澄乃有過去世之宿緣。這裡援用了「靈山同聽」之軼事。「靈山同聽」是南嶽慧思初見智者大師時對他說的話，指他們兩位往昔曾在靈鷲山一起聽釋迦佛講《法華經》。由此可理解與讚歎佛所傳一乘思想之妙諦從未斷絕，這是天台的獨特思想，即三諦圓融之說，意為空諦、假諦、中諦三種真理圓融無礙。

為了彰顯這種思想於世間，和氣弘世與真綱，於延曆二十一年（八〇二）正月十九日，在高雄山寺恭請十數位大德一起開講，以宣揚天台妙義。關於這一點，因與下文所記的內容有關，欲作若干解釋。

從《叡山大師傳》的文脈來看，有以下幾點可以確認。首先是確定延曆二十一年（八〇二）正月十九日，是舉辦宣講天台妙旨法會的時間；場所則是作為和氣氏氏寺（家族寺院）的高雄山寺（神護寺）；後面還會言及，高雄山寺是平安初期佛教徒的重鎮。其次，這裡所記的十四名大德，是延曆二十年十一月開辦法華十講時所恭請的十位、再加上另外四位所組成。新請的高德之僧是善議（七二九至八一二）、勤操（七五四至八二七）、修圓（七七一至八三五）、道證（七五六至八一六），俱是當時佛教界的著名高僧。

善議和勤操是師徒關係，以三論宗之學問僧而享有盛名；在法相宗處於優勢的那個時代裡，善議作為三論宗德高望重之高僧活躍一方道場。修圓與道證則為法相宗的學問僧，與最澄有較為友好的交流，入唐歸來後還在最澄處接受過密教的傳法。

在《叡山大師傳》中，「即祭酒請大師文云」這段文字是和氣弘世所作、恭請最澄的招請文。從「即」之一字推想，應是接敘前面所記延曆二十一年正月十九日的法會之事。接著下文又記載道：

弟子弘世，稽首和南比叡大忍辱者禪儀。此高雄法會，厚蒙恩誨，勤勵鈍根，憑仰聖德，欲果此事。然今度會者，非唯世間常修功德之事；委曲之趣，元來所照。故仰望仙儀，專為此會之主。伏乞大慈，必垂哀愍，夏始明日，降臨高雄，預加指撝。相待聖容，是深所憑；種種之事，可奉面量定，更不一二。又，批云：千載永例，今度可始；自非奉面，每事多疑；乞必降垂，興隆佛日。

這是「批云」以下所追記的內容，是恭請最澄的書簡，言辭懇切。雖然在內容解釋上，學者意見沒有統一；但是，「夏始明日，降臨高雄，預加指撝」之處所示的內容，無疑是於高雄山寺法會上，弘世欲懇請最澄出面主持會議的要旨。

這次法會是於比叡山法華十講舉辦的同一年舉行，即延曆二十年。但是，「夏始明日」之語，在其他的文本中也有「夏終明日」的表記；因為這是沒有明確記錄年月的文獻資料，故學界存有諸多見解。不過，從文脈而言，延曆二十一年正月十九日高雄山寺召開的法會，於一年前作諸般籌備，應不存在任何異議。「夏」即是指夏安居；在夏安居結束的翌日，即從七月十六日開始，如此說明就容易理解了。

最澄與和氣弘世之間的師資相承以及互相之間的交流，為桓武天皇所得知；於是桓武天皇便命和氣入鹿為勅使，和氣弘世來口宣詔書。從後來善議等上奏桓武天皇謝表等可知，紀年是延曆二十一年（八〇二）八月二十九日。文有曰：「是以和氣朝臣，延二六之龍象，設一乘之法筵，演暢天台《法華玄義》等。」即招請十二位法門龍象演暢一乘法筵，開講內容是天台的《法華玄義》等；而桓武天皇的口宣，稱歎天台法門是「像季傳燈，古今未聞；隨喜法筵，稱歎功德」。法會並非一兩日，一直延續至延曆二十一年正月十九日。

在謝表中以「沙門善議等言：今月二十九日，治部大輔正五位上和氣朝臣入鹿奉宣口勅。聞法華新玄疏講說於山寺，隨喜於一乘」作為文章之始，即記述拜聞了將於高雄山寺宣說天台思想、隨喜一乘之教，即沿襲桓武天皇的口宣內容而起書表文。「法華經玄疏」是指《法華玄義》與《法華文句》的疏文。根據《叡山大師傳》文末記述，《法華玄義》的講義是在九月二日結束，接著是《法華文句》的講義，於九月六日開始演講。

善議等上奏桓武天皇的謝表很有特色。首先，論及了天台五時教判的理論。「五時」是指「華嚴、阿含、方等、般若、法華涅槃」為順序，即以釋迦一代之所說教理，來判釋教義之深淺；不過，這裡省略了方等時。

佛教在欽明天皇時傳入日本；到了傳說為南嶽慧思轉生的聖德太子時，佛法更是有了廣泛的弘傳。又言及了慧思和智者大師在靈山同聽之典故，歸納了天台學作為釋迦一代最圓滿的教說。這不僅是讓六宗學徒皆知，也是最初對日本佛教界的宣言，這使得三論和法相兩宗之間長年的爭論，由此而得以冰釋。

桓武天皇將天台的教跡凌駕於諸宗之上，並將聖德太子作為南嶽慧思托胎之後身（垂跡）宣告於世，是在同年（延曆二十一年）九月七日。除了慧思與聖德太子的相互關係（即後身說）之外，又增添了聖德太子將慧思的持經《法華經》帶到了日本的傳說。

在《叡山大師傳》中，還提到了最澄入唐求法的話題。此外並提及在春宮（即漢地之東宮，太子居處）中——即安殿親王（後平城天皇）的動向等，於此也稍作說明。

官銜為中務省內記的山邊全成記述了「尊崇天台教，應傳承後世」；此言論傳到了安殿親王的耳裡。到了延曆二十一年（八〇二）九月六日，安殿親王便派遣紀鈴鹿麻呂特地宣旨：「隨喜高雄法會，尊重天台教跡。」於此善議等即日呈上謝啟文書，以表奉謝之意，同時敘述了在高雄山寺法會舉行的情形。於是，天台之教漸為人所知，所謂「顯晦從時，行藏在運」之名言漸為人所稱揚。

這類表述法，很明顯是襲取了玄奘所述「皇帝在春宮日所寫六門經及題菩薩藏經等謝啟」（〈寺沙門玄奘上表記〉）的內容；而且，最澄與善議的上表文也是參照玄奘的文章而構成的。「顯晦從時，行藏在運」之表述，善議的謝文中則以「雖此間度來，久隱未傳」來加以轉換。其他如善議的「夫聖德皇子，取持經於大唐，疏妙旨於本朝」所表達的，記述了聖德太子的取經說、及執筆《法華義疏》等事，宣揚了天台學的優越，同時報告了在高雄山寺舉辦的法會之進行情況等。

正如以上所述經緯，最澄入唐求法之必要性，則經由上表，逐漸醞釀而成了。

【註釋】

註一：「憒冇」意同憒鬧，紛亂喧鬧之狀。

註二：「三界」為佛教是存在及宇宙觀，意指眾生輪迴生死之三種世界，即欲界、色界、無色界。

註三：「四生」則為眾生依其降生方式所作的四種分類，即胎生、卵生、溼生、化生。

註四：「牟尼」即釋迦牟尼。

註五：「慈尊」是指彌勒菩薩——彌勒（Maitreya）意譯為「慈氏」，於釋尊入滅後五十六億七千萬年後降世成佛，廣度有情。

註六：「三災」指火災、水災、風災（大三災），或為刀兵、疾疫、饑饉（小三災）。

註七：「五濁」為劫濁、煩惱濁、眾生濁、見濁、命濁。

註八：「命通」即指宿命通，為五神通或六神通之一。

註九：「四事」指對出家眾之衣服、飲食、臥具、湯藥等四種供養。

註一〇：闡提即「一闡提」（Icchantika），意為斷善根、信不具足。

註一一：「無所得」意指遠離執着、解脫自在的境界。

註一二：「五神通」指的是神足通（神境通）、天眼通、天耳通、他心通、宿命通；若加上「漏盡通」即稱為六神通。

註一三：六道為眾生生死輪迴的六種生命狀態，分別為：地獄道、餓鬼道、畜生道、阿修羅道、人道、天道；餓鬼道與畜生道的順序有時會互換。

註一四：「淨行」即《法華經．從地踴出品》中所記四菩薩（上行、無邊行、淨行、安立行）之一。《法華經．如來神力品》云：「爾時千世界微塵等菩薩摩訶薩從地踴出者，皆於佛前，一心合掌，瞻仰尊顏而白佛言：世尊，我等於佛滅後、世尊分身所在國土滅度之處，當廣說此經。所以者何？我等亦自欲得是真淨大法，受持、讀誦、解說、書寫而供養之。」

註一五：「知足院」意指彌勒菩薩的淨土，即知足天（兜率天）內院。

註一六：悟無生忍：得證無生法忍，即證悟到不生不滅之正理，入聖者之世界。

第三章　入唐及歸朝

最澄闍梨，形雖異域，性實同源。特稟生知，觸類懸解。遠求天(台)妙旨，又遇龍象邃公，總萬行於一心，了殊途三觀。

立志入唐求法

拜悉桓武天皇的尊意，與和氣弘世商量後，最澄於延曆二十一年(八〇二)九月寫了上表文：

沙門最澄言：最澄早預玄門，幸遇昌運，希聞至道，遊心法筵；每恨《法華》深旨，尚未詳釋。幸求得天台妙記，披閱數年；字謬行脫，未顯細趣；若不受師傳，雖得不信。誠願差留學生、還學生各一人，令學此圓宗，師師相續，傳燈無絕也。此國現傳，三論與法相二家，以論為宗，不為經宗也。三論家者，龍猛菩薩所造中觀等論為宗，是以引一切經文，成於自宗論，屈於經之義，隨於論之旨。又，法相家者，世親菩薩所造唯識等論為宗，是以引一切經文，成於自宗義，折於經之文，隨於論之旨也。天台獨斥論宗，特立經宗。論者此經末，經者此論本；捨本隨末，猶背上向下也；捨經隨論，如捨根取葉。伏願，我聖皇御代，令學圓宗妙義於唐朝，令運《法華》寶車於此間。然則，聖上法施之基，更厚於往日；釋氏法財之用，亦富於永代。所望《法華》圓宗，與日月齊明；天台妙記，將乾坤等固。庶百代之下，歌詠無窮；千載之外，瞻仰無絕。不任僂僂之至，謹奉表以聞。

上表的大意是，自鑑真和上東渡而來，雖傳來了若干天台文獻，但是誤寫甚多；但願天皇能派遣留學生（長期留學者）與還學生（短期留學者）各一名入唐求法，向天台圓宗之師學習天台教義。最澄並指出，與三論宗和法相宗等以論為主的「論宗」不同，天台宗是以經為根本的「經宗」；在此，最澄強調只有天台是經宗，而沒有論及華嚴宗。這點或許反映了，當時的南都佛教是以法相和三論為主要宗派的客觀狀況。

最澄於此上表文中，並沒有陳述自己想入唐求法的意向；這是因為，當時朝廷已經准許了圓基和妙澄等作為入唐學習天台法華宗的留學生。但是，到了九月十二日，桓武天皇下詔給和氣弘世，詔書中寫道：「今最澄闍梨，久居東山，宿緣相追，披覽此典，既探妙旨。自非久修業所得，誰敢體此心哉？」詔書中提到，最澄闍梨已久在比叡山修行，其中「久修業所得」一句，是引用了《法華經．如來壽量品》中的偈句；在此言明了，最澄可使入唐，令習此宗，而且向和氣入鹿傳達了將最澄欽定為「入唐請益天台法華宗還學生」的敕命。於是，最澄直接寫了謝表，託和氣入鹿上呈。文中言道：「勵微劣之心，答天朝之命。」此文書可見於最澄的《顯戒論緣起》中九月十三日所記的內容。

後來被任命為初代天台座主的義真（七八一至八三三），當時也被請願作為求法的譯語者（口譯）隨最澄一起入唐；這可於《顯戒論緣起》中，十月二十日的日記內容中得以確認。於〈請求法譯語表〉中，最澄自述道：「最澄未習漢音，亦闇譯語；忽對異侶，難述意緒。四船通事，隨使經營。」即最澄自己在言語上難以與唐土人士溝通，而入唐的四艘遣唐使船上同行的通事（通譯）也無法作為翻譯而伴隨最澄，於是接著介紹了義真。文中敘述道：

當年得度沙彌義真，幼學漢音，略習唐語；少壯聰悟，頗涉經論。仰願殊蒙天恩，傔從之外，請件義真，為求法譯語，兼復令學義理。然則天台義宗，諮問有便；彼方聖人，通情不難。若猶有所殘者，須屬留學生。

從上文可知，請求義真作為求法的翻譯同行，並非只是擔任翻譯而已，還希望能准許他與最澄一起修學天台。這些請求最後得到朝廷的許可，義真伴隨最澄作為還學生入唐修學天台宗教義。

正當最澄入唐之時，春宮安殿親王甄選了精通書法的人士，精心抄寫《法華經》、《無量義經》、《觀普賢菩薩行法經》三部經送往大唐；一共寫了兩套，一套送天台山修禪寺（禪林寺）的一切經藏處安置，另一套則在比叡山寺一切經藏處安置，作為弘通本。安殿親王為此親自施與金銀數百兩，希望用來資助對於天台佛教的修習，將來使之弘傳於日本。

遣唐使船於延曆二十二年（八〇三）四月十四日，以藤原葛野麻呂為遣唐大使，於難波津（大阪）揚帆出航；但是，因為遇上惡劣的天氣而失敗。《叡山大師傳》中沒有記載此次出航的情況，只記載了延曆二十二年閏十月二十三日啟錨之事。最澄於此日，在太宰府竈門山寺，祈禱遣唐使四艘船能平安抵達唐土，為此特地製作了檀像（白檀像）的藥師如來四軀，高六尺餘，並命名為

「無勝淨土善名稱吉祥王如來」。善名稱吉祥王如來是「藥師七佛」（註一）的第一尊佛，其八大願中之第八大願，依《藥師琉璃光佛七佛本願功德經．卷上》所云：

願我來世得菩提時，若有眾生，入於江海，遭大惡風，吹其船舫，無有洲渚而作歸依，極生憂怖；若能至心稱我名者，由是力故，皆得隨心至安隱處，受諸快樂，乃至菩提。

欲仰憑藥師佛的願力，以冀渡航無事。又數次講述了《法華》、《涅槃》、《華嚴》、《金光明》等大乘經典，以資遠行之功德利益。

《叡山大師傳》中，只是直接敘說了延曆二十三年（八〇四）七月出帆，於此之前的情形沒有明確記載，故不知其詳。不過，遣唐使一行曾於延曆二十二年四月時渡航，因天氣緣故而受挫，約在一年後，再次於難波津揚帆渡海；最澄於此之前已經到了筑紫之地，以等待出航渡唐。《叡山大師傳》所記載的內容是大概於此十年後的回憶，其中記載了入唐之前曾在賀春（福岡県田川郡香春町）建立法華院，開講《法華經》；由此可以窺知最澄於入唐之前的一些動靜。

出航前往唐土

延曆二十三年（八〇四）秋七月六日，遣唐四艘船，在肥前國（長崎縣）松浦郡田浦出海。第一艘船則是遣唐大使藤原葛野麻呂所乘，後來為真言宗宗祖的空海（七七四至八三五）也搭乘第一艘船，最澄乘坐的則是第二艘船。關於年輕時的空海的情況，不明之點甚多。日本天台宗，後來在密教方面有大成的安然（八四一至八八九，一說為九一五歿）在他的著述《教時問答》

（《真言宗教時義》）中記道，入唐以前的空海是「元為藥生」；按安然此說可知，空海原來是以「藥生」為業。不過，此見解究竟是否符合事實，也不得而知。

遣唐四艘船中，第一艘船到唐土是三十四日後的八月十日，在離開目的地甚遠的南方「福州長溪縣赤岸鎮已（以）南海口」（《日本後記．卷一二》）靠了岸。最澄所乘坐的第二艘船的抵達時間不明，被暴風吹到了明州（浙江省）鄮縣，終於平安抵達唐土。第三船和第四船的去向雖然不相同，卻沒有能平安無事渡海到唐土，其間之情況不甚明了。

第二艘船一行上岸後，於九月一日從明州向都城長安出發。最澄由於患病需要療養故，目送一行人馬西行後，於九月十五日於明州向台州天台山方向啟程。

最澄、義真以及從者丹福成等人，到達台州（浙江省）是九月二十六日，拜見了台州刺史陸淳（生年不詳，八〇五歿）。那時的情形記錄在《顯戒論緣起》中，其文曰：

以貞元二十年九月二十六日，臻於海郡。謁大守陸公，獻金十五兩，筑紫斐紙二百張，筑紫筆二管，筑紫墨四挺，刀子一，加斑組二，火鐵二，加大（火？）石八、蘭木九，水精珠一貫。陸公，精孔門之奧旨，蘊經國之宏才；清比冰囊，明逾霜月。以紙等九物，達於庶使返金於師。師釋言：請貨金貿紙，用書天台止觀，陸公從之。乃命大師門人之裔哲曰道邃，集工寫之，逾月而畢。

此事在翌年的貞元二十一年（八〇五）三月三日台州司馬吴顗在給最澄的書簡中亦有記錄，此文中提及了最澄向陸淳獻上禮金以及九件禮物的用途；其中金十五兩一旦歸還，按最澄的意願，便用來作為書寫《摩訶止觀》之經費。

陸淳拜託書寫的人物是道邃（生卒年不詳）與行滿（一說為七三七至八二四）兩僧，都是六祖湛然的弟子，後來成為最澄之師，是最澄留學天台時最重要的兩位高僧。

陸淳與道邃

道邃是中國天台宗的第七祖；陸淳為了最澄之事，特地將道邃請到了台州龍興寺。《叡山大師傳》所記最澄到達台州後的記錄如下：

同月下旬到台州。天台山國清寺眾僧，遞來慰勞，歸寺歎曰：昔聞西域騰、蘭，（註二）馱梵夾於白馬，降邪道於南郊；今見東域闍梨，渡妙法於滄波，拯蒼生於水陸。各竭禮敬，頂戴隨喜。時台州刺史陸淳，延天台山修禪寺座主僧道邃，於台州龍興寺，闡揚天台法門摩訶止觀等。即便刺史見求法志，隨喜云：「弘道在人，人能持道；我道興隆，今當時矣」。則令邃座主句當（勾當），寫天台法門；纔書寫已，卷數如別。邃和上親開心要，咸決義理，如瀉瓶水，似得寶珠矣。又於邃和上所，為傳三學（註三）之道，願求三聚之戒。即邃和上，照察丹誠，莊嚴道場，奉請諸佛，授與菩薩三聚大戒。（註四）

文中所說到達台州為同月下旬，即是指貞元二十年（八〇四）九月二十六日。先是說得到天台山國清寺眾僧的慰勞，然後提到台州刺史陸淳的話題。陸淳將天台山修禪寺的座主僧道邃招請到台州龍興寺，請道邃開講《摩訶止觀》等天台法門的講義，又提到陸淳請道邃為最澄寫出天台法門的典籍。最澄在台州請來的文獻目錄、即〈台州錄〉的內容，會於後文另行敘述。

前引的內容，特別引人注目的部分，首先是陸淳對最澄求法志願深表隨喜，讚歎曰：「弘道在人，人能持道；我道興隆，今當時矣。」這裡所說「弘道在人，人能持道」之語，是說明了道法皆由人來發揚廣大，以人為中心的典據出自《論語・衛靈公》之名言，即：「子曰：人能弘道，非道弘人。」「人能弘道，非道弘人」的思想給中國佛教人士很大的影響，也為古代日本社會所熟知。筆者認為，陸淳援用《論語》之言，對最澄的影響亦甚大。

後來，最澄弟子光定（七七九至八五八）在《傳述一心戒文》中，解釋最澄的「道弘人，人弘道。道心之中有衣食矣，衣食之中無道心矣。」之名言時，不免產生了疑問，特別重要的是後半句的「道心（求覺悟的心）之中有衣食矣，衣食之中無道心矣」，很能反映出最澄的思想。問題在於，前句的「道弘人，人弘道」則將《論語》中的「人能弘道，非道弘人」一句之前後順序對調了，不僅在意思上有所不同，肯定句和否定句的形式也有了變化。「道弘人」的表達方式，若以《論語》的原文為依據，是最澄誤寫？或是表達上的錯誤？確有作一考究之必要。

前引文中從道邃處的得法只作了很簡略的表述。最澄和義真從道邃那裡受圓教菩薩戒的時間是貞元二十一年（八〇五）三月二日，《內證佛法相承血脈譜・天台圓教菩薩戒相承師師血脈譜》中記曰：「大唐貞元二十一年歲次乙酉（當大日本國延曆二十四年乙酉也）春三月二日初夜二更亥時，於台州臨海縣龍興寺西廂極樂淨土院，奉請天台第七傳法道邃和上。最澄、義真等，與大唐沙門二十七人，俱受圓教菩薩戒。」地點是臨海縣的龍興寺，而不是在天台山內。

此外，在最澄的《顯戒論・卷上》記道：

> 最澄、義真等，延曆末年，奉使大唐，尋道天台；謹蒙國德，台州得到。即當州刺史陸淳，感求法誠，遂付天台道邃和上。和上慈悲，一心三觀，傳於一言；菩薩圓戒，授於至信。天台一家之法門已具。

此中敘述了眾人於道邃處得傳菩薩圓戒，以及在「一言」之間傳授一心三觀。一言便得以傳得一心三觀的說法，實是令人難以理解。不過，此處是為了說明最澄在台州得傳天台法門；此「一言」傳授之意義，後來成為日本天台所尊重並盛行的口傳法門了。總之，最澄當是在三月二日前後，從師道邃而承蒙其教示。

雖然是比較短的文獻，最澄在台州龍興寺極樂淨土院中，向道邃詢問及所得到的回答，記錄在《天台宗未決》一書中，所記時間是貞元二十一年二月二十九日。《天台宗未決》一書收錄了天台宗的行位論以及其他基本十個項目的教義；其中，第四問答即是《摩訶止觀》中見「造境即中」之「造」的讀取方法：

四，最澄問曰：「『造境即中』者，造字訓『未得』也。座主答曰：「『造詣』。詣於理，故即中也。」

依現代日本語，則讀之為「いたる」（到或至）的訓讀意義，就是根據當時道邃的回答。

關於兩位「道邃」的問題

在日本播磨地方也有一位道邃和尚（生年不詳，一一五七歿）；有趣的是，他與最澄之師中國道邃（與道道邃）不僅同名，後來還產生了一些瓜葛。

在日本存有的《天台法華玄義釋籤要決》、《天台法華疏記義決》、《摩訶止觀論弘決纂義》三大部，其撰述者究竟是誰？是中國的與道道邃？還是播磨道邃？引起了不少議論。

從這三大部的書名可知，是對湛然對「三大部註釋」再加以附註及解說的著作。因此，一般將此三部書統稱為三大部要決，即分別以《釋籤要決》、《疏記義決》、《弘決纂義》略稱之。

二位道邃之間相隔了足有三百年，關於三大部要決的真正作者，卻有兩種不同主張，因此一直成為懸案而無法解決。究竟是何原因呢？其問題在於研究方法。

其中，主張作者是中國道邃的考據是常盤大定氏所提出，對以後的研究者有甚大的影響。

關於常盤大定的主張，可參見〈《天台法華玄義釋籤要決》十卷・《天台法華疏記義決》十卷・《摩訶止觀論弘決纂義》八卷の撰者道邃についての疑問〉（關於《天台法華玄義釋籤要決》十卷、《天台法華疏記義決》十卷、《摩訶止觀論弘決纂義》八卷的撰述者道邃之疑問），收錄於《支那佛教の研究》二。對於常磐說的反駁，則可參見大久保良峻的〈三大部要決をめぐる一、二の問題〉

〈論關於三大部要決的一、兩個問題〉、〈三大部要決の教學について〉（關於三大部要決的教理問題），參照《天台教學と本覺思想》。

常盤氏精研了三大部要決的引用文獻後，否定了播磨道邃撰述說。但是，被常盤氏所引用的諸文獻中，卻很有可能疏忽了文中本非從原初典籍的部分；意即，三大部要決中的很多引用是來自於湛然弟子們的著述。例如，比較有代表性的《疏記義決》中，便有根據延秀的《圓鏡》諸文句的內容。

常盤氏將所見文獻皆斷定為與道道邃，而且認為文體上未見日式風格也是重要的證據。當然，如果這只是對湛然門下弟子著作之引用的話，也能說得通。

若欲深究常盤氏研究的方法論，可舉出的問題點是，他並沒有對教理方面進行研究。例如，《釋籤要決》和《疏記義決》其中引用了智者大師所撰述的《彌勒成佛經疏》的文句，以「一生入妙覺」作為理論根據，而此理論明顯是日本天台宗醞釀而成的思想——三大部要決中隨處散見日本天台的教義；而且，《彌勒成佛經疏》本身是偽託智者的作品。因此，如果推論三大部要決作者是播磨道邃的話，有可能是他援用了道暹和行滿等湛然門下的教義，並作為自己之學說予以展開的著作。

由此可以理解為，播磨道邃是借用了與道道邃之名，來模擬湛然門下的著作，醞釀出了中國天台家的文句風格，來撰述三大部要決的。而在《峯相記》一書中，記述了名為「正覺房」的人物借了道邃之名，將湛然的天台三大部註釋加以料簡，後人則將此人視為播磨道邃。這個說法看來比較近乎事實真相。

與行滿邂逅於天台山

《叡山大師傳》中在敘述了最澄與道邃的相關事項之後，又記載道：「又，同時有付法佛隴寺僧行滿座主……」等內容。最澄在登上天台山後，便師從佛隴寺座主行滿學習天台教義；但是，在介紹行滿的事項中，沒有明確的日期記錄。

如上所述，最澄從明州出發的時候，是在病體療養之後的貞元二十年（八〇四）九月十五日，目的地是天台山，〈明州牒〉原文如下：

明州　牒

日本國求法僧最澄往天台山巡禮。將金字《妙法蓮花經》等。

金字《妙法蓮花經》一部 八卷 外標金字 《無量義經》一卷

《觀普賢經》一卷

已上十卷。共一函盛封全。最澄稱是日本國春宮永封，未到不許開拆。

《屈十大德疏》十卷　本國大德諍論兩卷　水精念珠十貫

檀龕水天菩薩一軀高一尺

右得僧最澄狀偁、惣將往天台山供養。

供奉僧最澄　沙彌僧義真　從者丹福成

文書鈔疏及隨身衣物等，總計貳佰餘斤。

牒得勾當軍將劉承規狀稱，得日本國僧最澄

狀，欲往天台山巡禮，疾病漸可，今月十五日發。謹

具如前者　使君判付，司給公驗，并下路次縣、給船

及擔送過者。准判。謹牒。

貞元二十年九月十二日史孫階　牒

司戶參軍司孫萬寶

此文書，在《顯戒論緣起》中收錄於〈大唐明州向台州天台山牒一首〉中。在上文所述的原典中的「無（无）量義經一卷」上面附加有「金字」一語，可見在表述上有若干之不同之處。且因閱讀上之方便起見，於此也僅依〈國寶〉原典之表述方法。

按記錄可知，最澄在春宮（安殿親王）託寫金字《法華經》一部八卷等；將三部經典嚴封後，執行送經的任務，親自携往天台山，而且還帶上了《屈十大德疏》十卷與《本國大德諍論》二卷。前者是在延曆二十年（八〇一）於比叡山中舉行法華十講時議論的記錄，後者是翌年在高雄山寺中關於天台法門的法會內容。

但是，關於最澄一行到達天台山的動向，則採用《天台法華宗傳法偈》一書的內容。然而，這份文獻的可靠性存在著問題；因為，既沒有記載月份與日期，也沒有具體的資料。最澄在佛隴之莊拜謁行滿是在十月七日，十三日登臨佛隴道場，傳法是在十四日舉行；依據《天台法華宗傳法偈》記載，行滿於此授予最澄八十餘卷典籍。不過《叡山大師傳》的記載更為具體，記道：「凡《法華疏》、《涅槃疏》、《釋籤》、《止觀》、并記等八十二卷。」然後與行滿一起在二十五日下佛隴莊，十一月五日一起從天台山回到了臨海龍興寺道邃那裡。

在《叡山大師傳》還記載了行滿親筆寫的文書，於此記述了與最澄的交流情況：

且行滿，掃灑龕墳、修持院宇，經今二十餘祀，諸無可成。忽逢日本國求法供奉大德最澄。法師云：「親辭聖澤，面奉春宮；求妙法於天台，學一心於銀地。（註五）不憚勞苦，遠涉滄波，忽夕朝聞，亡身為法。」覩茲盛事，亦何異求半偈（註六）於雪山，訪道場於知識。且滿傾以法財，捨以法寶；百金之寄，其在茲乎。

在此，行滿記述了在恩師湛然圓寂的建中三年（七八二）後的二十數年間，守護在佛隴寺的恩師墓所，而有幸與來自日本之最澄結識的感觸。而最澄則對行滿傾述了承蒙桓武天皇與安殿親王的恩惠，得以前來天台山求學妙法，得以研習一心三觀之教，為此決不厭辛勤勞苦之衷懷。行滿為此感銘，遂以雪山童子求半偈、與善財童子求法之旅的故事，來讚歎最澄為法而不惜身命。

十月，最澄訪問天台山之事，在《內證佛法相承血脈譜．達磨大師付法相承師師血脈譜》中記述道：「大唐貞元二十年十月十三日，大唐國台州唐興縣天台山禪林寺僧翛然，傳授天竺、大唐二國付法血脈，并達磨付法牛頭山法門等。」在〈雜曼荼羅相承師師血脈譜〉中亦記述道：「大唐貞元二十年十月，台州國清寺惟象和上，傳授大佛頂大契曼荼羅行事。」由此可知，最澄在十月十三日在天台山禪林寺從翛然處，得傳達磨付法之牛頭禪派的法脈；於十月某日在天台山國清寺的惟象處，得傳大佛頂大契曼荼羅行事之法門。

然後，因義真在日本時尚未受過具足戒，便在十二月七日於天台山國清寺，以清翰為戒和上，並三師七證得受具足戒；其戒牒等關連文書，以及台州與明州的公驗等文書，收錄在《顯戒論緣起》中。

拜別台州

在《顯戒論緣起》中收錄了在台州人士送給最澄的惜別文書，其中有台州司馬吳顗在貞元二十一年巳日所寫的〈台州相送詩一首〉，即〈送最澄上人還日本國敘〉。「巳日」即上巳，應是三月三日。之後，則列記了九人所寫的送別詩，其中一人沒有記下名字；敘記是吳顗所寫，以下八人分別是台州錄事參軍孟光、台州臨海縣令毛渙、鄉貢進士崔暮、廣文館進士全濟時、天台沙門行滿、天台歸真弟子許蘭、天台僧幻夢、前國子監明經林暈。其中，行滿的詩文為：

異域鄉音別，觀心法性同；來時求半偈，去罷悟真空。
貝葉翻經疏，歸程大海東；何當到本國，繼踵大師風。

此處的「來時求半偈」，即前已言及「雪山童子求法」之事；其詩並稱，日本與中國的語音雖異，天台觀心法門即觀心之法性（本性）卻是一樣。

還有一首提及言語相異的詩則為鄉貢進士崔暮所作：

一葉來自東，路在滄溟中；遠思日邊國，卻逐波上風。
問法言語異，傳經文字同；何當至本處，定作玄門宗。

有將遣唐使船比喻為杯，也如此詩將之比喻為一葉者，鄉貢進士（即由州縣考選的進士及第者）崔謩詩中寫道，問法的言語雖相異，經典所傳之文字卻是相同。

關於道邃給最澄的惜別文書，有「傳菩薩戒道邃和上書一首」，可見《顯戒論緣起》之記錄：

乍別增悵，春憶數行。不知平善達船所否？過去傳法菩薩，備受艱辛；今日弘揚，寧無勞虛也。邃，日向衰老，諸皆未能；色、心俱頹，刀風非遠；觀浮雲、水月，以遣餘生耳。化隔滄海，相見杳然，各願傳持，共期佛慧也。勉旃，先進奉使向來，何當定發信遠相報。因然投施往，（註七）略附數字。

傳菩薩戒師天台沙門道邃，告日本國最澄三藏處。

義真行者，意不殊前，各各相共弘揚宗教也。

三月二十一日後宮

道邃給往明州欲歸去的最澄一行之送別文，時間是在貞元二十一年三月二十一日，即三月二日授與最澄菩薩戒之後，約過了三週時間。給最澄的文書中，也言及義真。已屆高齡的道邃在陽春之日，依依惜別了遠道而來求法的異國弟子，此情之真切，令人感銘。

於此，再提及最澄於台州請來的目錄《台州錄》。《台州錄》上所記載的是貞元二十一年二月十九日，年月日後又列記最澄以下四人的名字，還記載了台州刺史陸淳的文章，內容如下：

大唐貞元貳拾壹年歲次乙酉貳月朔辛丑拾玖日己未

日本國比叡山寺求法僧　最澄錄

日本國求法譯語僧　義真

日本國求法傔從丹福成

勾當大唐天台山圓宗座主　西京和尚道邃

最澄闍梨，形雖異域，性實同源；特稟生知，觸類懸解。遠求天（台）妙旨，又遇龍象邃公；惣萬行於一心，了殊途（於）三觀。親承祕密，理絕名言，猶慮他方學徒，不能信受，處請當州印記，安可不任為憑。

大唐貞元二十一年二月二十日，朝議（大夫使）持節台州諸軍事守台州刺史上柱國（陸）淳給（書）

文中，陸淳所寫「最澄闍梨」以下的內容，在《顯戒論緣起》的「台州目錄并陸淳詞」得以參照。文中敘述了最澄在道邃座下，得其傳授天台一心三觀，所謂「惣萬行於一心，了殊途（於）三觀」，說明了道邃與最澄之瓶瀉相承之師資關係。陸淳此文，在《宋高僧傳・卷二九・唐天台山國清寺道邃傳》以及《佛祖統記・卷八・興道尊者道邃》裡也有引用。

《台州錄》的開頭寫道，共請到經典一百零二部、合二百四十卷。但是，在反面紙背卻追記為一百二十部、三百四十五卷；或許有兩種計數的方法，看來並不是很嚴密的記錄。離開台州後，最澄前往越州求法，之後又寫了《越州錄》；於其中加上台州求得法門之經典，記道：「都合一百二十八部、三百四十五卷」。

在越州得密教法門

在《叡山大師傳》中敘述道，最澄於四月上旬回到明州之後，便前往越州。文甚簡潔，其文曰：

又，大唐貞元二十一年四月上旬，來到船所。更為求真言，向於越府龍興寺，幸得值遇泰嶽靈巖山寺鎮國道場大德內供奉沙門順曉。曉感信心之願，灌頂傳受。三部三昧耶，圖樣、契印、法文、道具等，目錄如別。

由此可知，最澄是為了學習真言密教而前往越州龍興寺，非常幸運地遇見了順曉阿闍梨，得傳三部三昧耶法門。最澄入唐求法的目的原本是為了修學天台法門，並沒有學習密教的計畫。當然，最澄對密教很可能抱有興趣，所以在聽聞順曉的消息時，便欣然前往，以冀得到密教的傳法。但是，最澄與順曉的相見，不能不說是一件很偶然的事。

《顯戒論緣起》所記錄的「明州牒」有如下一段記載：

大唐明州向越府牒一首

明州牒

準日本國求法僧最澄狀偁：「今欲巡禮求法，往越州龍興寺并法華寺等。求法僧最澄、義真，行者丹福成，經生真立人。」

牒，得日本國求法僧最澄狀偁：往台州所求目錄之外，所缺一百七十餘卷經並疏等。其本，今見具足在越州龍興寺并法華寺。最澄等，自往諸寺欲得寫取，伏乞公驗處分者，使君判付，司住去牒知。仍具狀牒上，使者准判者，謹牒

貞元二十一年四月六日　史孫階　牒

戶參軍孫司萬寶

如上所記為四月六日的「明州牒」中，「稱」字以下引號部分所示二處是最澄所說的話。最澄前往越州龍興寺與法華寺的緣由，是為了取得在台州時未能入手的一百七十卷經與疏，但沒有提到密教求法之事，這一百七十卷文獻究竟是何種經典也沒有詳細說明。在《越州錄》中說：「向越府取本寫取經并念誦法門，都合一百二部、一百一十五卷」；然而，這百二部、百十五卷的典籍是何種經疏則不得而知了。

關於傳授密教的推薦者，最澄在《顯戒論．卷上》記曰：「又，明州刺史鄭審則，更遂越州，令受灌頂。幸遇泰嶽靈嚴寺順曉和上。和上，鏡湖東嶽峰山道場，授兩部灌頂，與種種道具。受法已畢，還歸船所。」由此可知，推薦人乃是明州刺史鄭審則；而且，《顯戒論》中記述了最澄得以受持胎藏界和金剛界兩部灌頂。最澄受順曉灌頂的時間與地點，唯有從上述的文字可以得知。當然，順曉所傳的密教是比較獨特的，而且是不完整的密法；最澄的密教知識，是他歸國後再加以不斷深化的。

最澄所受的是天台密教，這成為之後日本台密的濫觴。時於四月十八日，即得順曉付法。有「十八日曉」所記的〈大唐越州龍興寺寂照闍梨書一首〉，收錄於《顯戒論緣起》文中。這稱為「寂照書」的內容，記錄了最澄得到順曉傳法之前、來不及購買密教法具之事；法具，即所謂「六事寶器」的密教法器。因為是唐國的奇珍，所以一時倉促、不能入手。文中說：「若非日本大德意，亦不贖與他。」此文書還提及了購得這些法器所須金錢的多少等。雖然沒有言明具體的情況，但是作為年已衰老的寂照所寫文書，彌足寶貴。這「六事寶器」後來得以入手，在《顯戒論緣起》所載的《越州錄》中便詳細地記錄了這些法器的內容：

灌頂道具白銅五鈷拔折羅壹口、灌頂道具白銅五鈷金剛鈴壹口、灌頂道具金剛輪貳口

灌頂道具白銅羯摩拔折羅貳口

灌頂傳法阿闍梨順曉和上付法印信、灌頂道具白銅三昧耶拔折羅壹口

從上述可知，法器有五鈷杵（拔折羅）一口、五鈷金剛鈴一口、金剛輪二口、羯磨杵二口，合計為六類。後文會講到，順曉授與最澄付法印信以及三鈷杵。

四月十八日是傳法的日子，《顯戒論緣起》所收錄之〈大唐泰嶽靈巖寺順曉阿闍梨付法文一首〉記載了十八日的印信以及十九日的付法文，兩種文書內容如下：

毘盧遮那如來三十七尊曼荼羅所

阿鍐藍吽欠　上品悉地

阿尾羅吽欠中品悉地

阿羅波者那　下品悉地

灌頂傳授三部三昧耶阿闍梨沙門順曉，圖樣契印法。大唐貞元二十一年四月十八日，泰嶽靈巖寺鎮國道場大德，內供奉沙門順曉，於越府峰山頂道場，付三部三昧耶，牒弟子最澄。

大唐國開元朝，大三藏婆羅門國王子，法號善無畏。從佛國大那蘭陀寺轉大

> 法輪，至大唐國，轉付囑傳法弟子僧義林，亦是國師大阿闍梨一百三歲，今在新羅國轉大法輪。又付唐弟子僧順曉，是鎮國道場大德阿闍梨。又付日本國弟子僧最澄轉大法輪，僧最澄是第四付囑傳授。唐貞元二十一年四月十九日書記。令佛法永永不絕，阿闍梨沙門順曉，錄付最澄。

順曉是泰嶽靈巖寺僧侶，來到越州弘揚密法。順曉在峰山頂道場，舉行了傳授最澄三部三昧耶的付法儀式。此付法文中明示了「善無畏—義林—順曉—最澄」的師資相承；最澄作為第四代，得順曉付囑傳授。

不過，峰山頂道場的說法，在其他的文獻中一般稱為「峰山道場」；如前面言及的《顯戒論》中，也記述為「鏡湖東嶽，峰山道場」。

另外，如現存的最澄真跡《越州錄》中記載：

> 向越府龍興寺，詣順曉和上所。即最澄并義真，逐和尚到湖鏡東峰山道場。

和上導兩僧治道場，引入五部灌頂蔓荼羅壇場。現蒙授真言法，又灌頂真言水。

在這裡也稱為「峰山道場」；不過，上文的「湖鏡東」是「鏡湖東」的筆誤。這次順曉的傳法不只是最澄，還有義真。至於峰山道場的具體所在，現在已經得以確定，地點在浙江省上虞縣（今紹興市上虞區）。

順曉所傳授的密教，具體是怎樣的密法不得而知。至於傳法的場所，在《越州錄》中記錄為「五部灌頂曼荼羅壇場」，印信則記為「毘盧遮那如來三十七尊曼荼羅所」。

正當最澄入唐求法之時，國都長安裡正在傳授著以《大日經》為根本經典的「胎藏界」以及以《金剛頂經》為根本經典的「金剛界」兩部密教大法——同為留學僧的空海，正得到青龍寺惠果的兩部密法入壇同時傳授。於此相較，最澄所傳得的密教只是十分簡略的密法。所謂「五部灌頂曼荼羅壇場」可以理解是對於胎藏界中的佛部、蓮華部、金剛部三部密法，表現為佛部、金剛部、寶部、蓮華部、羯磨部之五部，即金剛界所立的五部道場；而「毘盧遮那如來三十七尊曼荼羅所」是指三十七尊，即金剛界的諸尊。因此，最澄受法道場應是金剛界道場。

此處所言的「三十七尊曼荼羅」，以前的研究認為是掛在牆上的懸曼荼羅；但是，最近認為應該是鋪在地面上的敷曼荼羅。此外，以前曾收於日本青蓮院、現在收藏在美國紐約大都會藝術博物館的「金剛界曼荼羅諸尊圖樣」，是最澄請來的圖像之模繪作品，當然是論定為以敷曼荼羅形式而描寫的尊容，在《越州錄》中則記載為「三十七尊樣一卷」。

最澄所傳得的密教，被稱為三部三昧耶；正如印信所示那樣，是阿鑁藍吽欠（上品悉地）、阿尾羅吽欠（中品悉地）、阿羅波者那（下品悉地）三種真言。

為何將此三種列出，並相應配置上品、中品、下品的三種悉地，其情況實不甚明瞭。最初的「阿鑁藍吽欠」可見於《大日經．卷七》的「阿、鑁、囕、唅、佉」；第二個「阿尾羅吽欠」則可見於《大日經．卷三》中所記的「阿味囉啎欠」。第三個「阿羅波者那」可見於金剛智譯的《金剛頂經曼殊室利菩薩五字心陀羅尼品》以及不空譯的《五字陀羅尼頌》的「阿囉跛者娜」；其他如《金剛頂經瑜伽文殊師利菩薩供養儀軌》等經典，以及不空譯的《文殊師利儀軌》中，則表記為「阿囉跛左曩」、「阿囉跛者曩」。由此可見，這些都是胎藏界與金剛界相混合的內容。

順曉傳給最澄的密法，對於最澄來說有著極為重要的意義；因為，歸國後的最澄，在這方面的活動十分活躍，而且還將密法讓門下弟子代代相承下來。不過，其中的三真言並記的根據所由，顯然是存在問題的，所以後來的安然在《金剛界大法對受記．卷七》以及《胎藏界大法對受記．卷五》中，提及《顯戒論緣起》中這個從前人遺留下來的問題。

到了安然所處的時代，《尊勝破地獄陀羅尼儀軌》（《尊勝破地獄法》、《尊勝破地獄軌》）所記的儀軌已經譯出，記載了其儀軌中的三種真言；此儀軌正好配上善無畏翻譯並傳承的三種儀軌，分別稱為《三種悉地破地獄轉業障出三界祕密陀羅尼法》、《佛頂尊勝心破地獄轉業障出三界祕密三身佛果三種悉地真言儀軌》、《佛頂尊勝心破地獄轉業障出三界祕密陀羅尼》。合此三書總稱為《三種悉地破地獄儀軌》，並將此三種真言以上、中、下三品來配置，安然一定是閱讀了其中的某一部經典。

關於其成形的問題，有的看法認為應是在中國形成；也有人認為，或許是因為最澄的傳法而觸發了日本人所作，當然不能完全排除這種可能性。這個問題，在此暫且不作深究。

最澄的密教相承，可以「雜密」稱之並將其分類。《內證佛法相承血脈譜》中所記載的五種「師師（資）相承血脈譜」中，「雜曼荼羅相承師師血脈譜」可配當之；按最澄自記的表記，屬於雜曼荼羅的相承系譜。

據壽州草堂寺比丘大素的冥道無遮齋法抄本（《越州錄》中記之為一卷本）所載：五佛頂法是於明州檀那行者江秘的普集壇及如意輪壇、明州開元寺西廂法華院靈光的軍荼利菩薩壇法以及契像等所相傳授的。這些付法，最澄全在貞元二十一年（八〇五）五月五日完成相承。當然，關於此事有幾種解釋；不過，因為有在明州同日傳授的可能性，故採此說。

《內證佛法相承血脈譜》所記載的另一種雜曼荼羅之相承，如前所記，乃是於前年十月在國清寺惟象處得受大佛頂大契曼荼羅的行法。

於五月十三日，最澄寫完了《越州錄》。據此書所記，在台州和越州共入手書籍合計二百三十部、四百六十卷。在後記中，還續記了明州刺史鄭審則的印信，日期是五月十五日。鄭審則在此文書中讚歎最澄：

最澄闍梨，性稟生知之才，來自禮義之國。萬里求法，視險若夷；不憚難勞，神力保護。南登天台之嶺，西泛鏡湖之水；窮智者之法門，探灌頂之神祕。可謂法門龍象，青蓮出池。

於此，鄭審則讚賞最澄，既在天台山窮盡智者大師的法門，又於鏡湖之東的峰山道場得以灌頂受法。

根據《日本後紀》所記，最澄於五月十八日離開明州、起錨出發回歸日本，於六月五日到達對馬島（長崎縣）下縣郡阿禮村。然後，此船駛向長門國（山口縣）停泊。《叡山大師傳》中記曰：「五月中旬，上第一船。蒙三寶護念，神祇冥護，海中無恙，著長門國，即便上京。所將來天台法門，并真言法門道具等，奉進內裡。」於此記載了最澄一行人平安回到長門國，以及直接入京的情形。

關於最澄所乘的船是第一艘船、抵達後馬上入京上朝一事，在《顯戒論卷上》，最澄敘述道：「受法已畢，還歸船所。大使處分，乘第一船；遂解藤纜於望海，上布帆於西風。鷁旗東流，龍船著岸。頂戴法寶，復命金闕。」最澄入唐時坐的是第二艘船，歸國時則是與遣唐大使藤原葛野麻呂搭乘同樣的第一船，由明州望海鎮出帆，平安回到了日本。

歸朝復命以及傳法

在《叡山大師傳》中記載了延曆二十四年（八〇五）八月二十七日的上表

文，此文書也收錄在《顯戒論緣起》的〈進經疏等表〉中；因記時為七月十五日，遂稱為定說。或稱為進官錄或進官表的這份文書，比較了隨他意權教的三乘之教、和隨自意之實教的一乘教兩者間的優劣深淺。宣揚一乘教的天台圓教（天台完滿圓滿之教）之獨尊地位，文曰：

然則圓教難說，演其義者天台；妙法難傳，暢其道者聖帝。伏惟陛下纂靈出震，撫運登極。北蕃來朝，請賀正於每年；東夷北首，知歸德於先年。於是，屬想圓宗，緬懷一乘；紹宣妙法，以為大訓。由是，妙圓極教，應聖機而興顯；灌頂祕法，感皇緣而圓（滿）。最澄奉使求法，遠尋靈蹤，往登台嶺，躬寫教迹。所獲經并疏及記等，總二百三十部、四百六十卷；且見進經一十卷，名曰金字《妙法蓮華經》七卷、金字《金剛般若經》一卷、金字《菩薩戒經》一卷、金字《觀無量壽經》一卷，及天台智者大師靈應（圖）一張、天台大師禪鎮一頭、天台山香爐（峰）神送樫及柏木文尺四枚、說法白角如意一。謹遣弟子經藏奉進，但聖鑑照明二門圓滿，不任誠懇之至。奉表戰慄，謹言。

如上所述，最澄將以法華一乘思想為根本的天台教理作為思想上的根幹和基礎，將入唐求法的經過與成果上奏了桓武天皇，同時報告了在唐得以「灌頂祕法」的傳授，並請回了合計二百三十部、四百六十卷經典與文獻。對於最澄來說，傳承密教是一件極為重要的大事。

從此上表文可知，最澄派遣弟子經藏，同此文書一起，將金字《妙法蓮華經》七卷、金字《金剛般若經》一卷、金字《菩薩戒經》一卷、金字《觀無量壽經》一卷等合計十卷的金字經典，以及最澄在台州請到的天台智者大師靈應（圖）一張、天台大師禪鎮一頭、天台山香爐（峰）神送樫及柏木文尺四枚、說法白角如意一等進獻天皇。在《台州錄》中也記載了，天台智者大師靈應圖一張和其他書書籍的目錄，以及記錄了其他物品的內容：稱為「別物合三種」，即「禪鎮一頭」、「說法白角如意壹柄」、「天台山香爐峰檉栢木并檉木文尺四枚」等三種請來的物品。

於是，桓武天皇下敕予和氣弘世，命其將最澄入唐求法所相承的天台法門流布天下；並且，為了讓僧侶們學習修持，共抄寫了七套請來的經典，安置於七大寺中供用，且命由宮廷圖書寮提供宮中最上等的紙張抄寫。又下詔道證、守尊、修圓、勤操、慈蘊、慈完六位法師，在京城郊外的天台院閱覽新抄的天台經籍，以深入研學之。此事還會於後文提及，即與同年九月十六日的公驗裡所記的「命書寫七通《法華》、《維摩》等經疏，又命三論、法相兩宗內聰明的學僧六人來講述」的記載相符合，即是上述的道證、修圓等法相宗學僧，以及勤操等三論宗學僧。

桓武天皇在翌年（八〇六）三月駕崩，在此一年以前身染重病。最澄於八月九日特上殿於宮內舉行了悔過讀經法會。九月七日，最澄在高雄山寺修習了日本最初的灌頂，也是遵從了桓武天皇的旨意。

關於這次高雄山寺灌頂法會的經過，在《叡山大師傳》裡，繼上述關於使用新抄天台經籍的記錄後，又記載了桓武天皇下敕予和氣弘世的事，文曰：

真言密教等，未得傳此土；然最澄闍梨，幸得此道，良為國師。宜拔諸寺智、行兼備者，令受灌頂三昧耶。

可見，當時在日本還沒有傳受過的真言密教，所以下詔首次恭請最澄來傳授灌頂三昧耶大法，受法對象則是選拔諸寺中智、行兼備的僧人。於是，在高雄山寺建立法壇，請了技術高超的畫工二十餘人奉敕繪製毘盧遮那佛像一幅、大曼荼羅一幅、寶蓋一幅等圖繪，以及縫製了佛、菩薩、神王像、幡五十餘旒等，以供法會所用。

這裡有一個關於毘盧遮那佛像一幅的問題。如果《叡山大師傳》的記述正確的話，那應該是最澄從唐朝請來的毘盧遮那佛（大日如來）圖像。最澄所請來的曼荼羅，無疑只是金剛界三十七尊曼荼羅；毘盧遮那佛的描繪，應是參照了曼荼羅裡的中心佛，即金剛界中結智拳印的大日如來像吧？不然的話，便找不到最澄請來毘盧遮那佛像的根據了。從順曉的印信中有「毘盧遮那如來三十七尊曼荼羅所」的文字，這自然可以理解為以金剛界毘盧遮那如來為中心的三十七尊曼荼羅；而且，如上面所提及之敷曼荼羅的可能性很大。總之，最澄在會見空海之前，所持的曼荼羅只有一種類型，那便是一幅由大唐請來的大曼荼羅。

於是，天皇勅令，凡最澄所必須的法物，除國內實在無法辦到的，盡悉完備之；又選出諸寺大德，包括道證、修圓、勤操、正能、正秀、廣圓等參與法會。《叡山大師傳》接著記道：「忽被內侍之宣，各竭尊師之法，受金剛之寶戒，登灌頂之真位矣。」從上面的敘述來看，好像是已經完成灌頂似的；不過，在授予金剛寶戒的灌頂前，先解說三昧耶戒的可能性也很大。況且，最澄並不具備完整的密教，關於三昧耶戒的記述也未涉及與順曉的關聯，這或許是傳記撰寫者的潤色吧？也或許傳授的是台州道邃處所受的菩薩戒法，實情不甚清楚。

在《叡山大師傳》中記述，此後於八月二十七日有內侍之宣旨。《顯戒論緣起》中記有題為〈大日本國初建灌頂道場定受法弟子內侍宣一首〉的文書。《叡山大師傳》的記述如下：

方今，最澄闍梨，遠涉溟波，受無畏之貽訓；近畏無常，冀此法之有傳。然石川、檉生二禪師者，宿結芳緣，守護朕躬；憑此二賢，欲昌佛法。屈尊捐躬，宜相代朕躬，率弟子等，尋檢經教，受傳此法，以守護國家、利樂眾生也，不可憚世間之誹謗也。自餘諸眾，唯取其進，勿遮其退者。乞，照察此趣簡定進、退二眾曆名，各令加其署，附使進上，謹勒。造宮少進阿保廣成敬和南。

不過，在最澄的《顯戒論緣起》中將上文的「受無畏之貽訓」的文字，改成了「受不空之貽訓」，這可能存有某種意圖。因為，在越州的付法文中明明寫的是善無畏，而不是不空；所以，後來的《叡山大師傳》將越州付法文「受無畏之貽訓」的記錄復原是正確的。

此外，桓武天皇還詔令自己所信任的石川與檉生兩位禪師接受最澄的傳法。關於石川與檉生二師，在《天台霞標》中認為是光意與圓澄，也有前述六名高僧中之勤操與修圓的說法。天皇對此二人叮嚀道，盡量希望能夠「屈尊捐躬（軀）」，「不可憚世間之誹謗也」，甚至附加說明，假如兩人實在不願接受也無妨。此處可以理解為某種暗示：在最澄傳來新佛教的當時，在原有宗派中，存有著一定反響與存在著或多或少的疑慮。

然後，令人注目的是，後引用的九月十六日的〈賜向唐求法最澄傳法公驗〉

一文中，對九月一日所發生的事有如下記述：

又以同年九月一日，有勅：於清瀧峰高雄山寺，造毘盧遮那都會大壇，令傳受三部三昧耶妙法。預灌頂者，總有八人。

這裡所記的九月一日應是勅令的日期，實修時間則為七天。此處記載了建立「毘盧遮那都會大壇」，可推知法會中使用了一幅描繪著毘盧遮那佛為中心的三十七尊曼荼羅。關於九月七日的傳法，《顯戒論緣起》的記錄中有九月十六日給廣圓的傳三部三昧耶公驗」，其文如下所示：

延曆二十四年歲次乙酉九月七日，有勅：於清瀧峰高雄道場，起都會大壇，命最澄阿闍梨，傳授大安寺僧廣圓。預灌頂者，總有八人，是皆第五付屬也。今被右大臣宣稱，奉勅受法僧等，宜令所司，各與公驗，彌勤精進，與隆佛法，擁護國家，利樂群生者。省依宣旨，連天竺、大唐及聖朝傳授次第，奉行如右。

延曆二十四年九月十六日

如上所示，最澄給廣圓等八人傳授了灌頂儀式，而成為第五代之付囑弟子。關於此事，在《叡山大師傳》中簡略地記道：「九月十六日，有勅：受灌頂者，諸寺大德八人，令所司各與公驗，彌勤精進，與隆佛法。」這八人的名字即上面言及的道證、修圓、勤操、正能、正秀、廣圓六名，還有一人很可能是最澄的弟子圓澄。關於圓澄的事跡，可以參考在《續日本後紀》（天長十年〈八三三〉十月二十日的一項）的〈圓澄卒傳〉。

關於九月十六日所發出的〈賜向唐求法最澄傳法公驗〉，在《叡山大師傳》可以得見。依照治部省的勅旨而給予最澄的公驗，其文曰：

國昌寺僧最澄，住於平安東嶽比叡峰，精進練行十有五年；搜念誦之祕法，慕天台之高蹤。延曆二十三年歲在甲申四月，奉詔渡海求道，詣於台州國清寺，智者大師第七弟子道邃和尚所，求得天台法門二百餘卷。還於越府龍興寺，遇天竺無畏三藏第三弟子鎮國道場大德內供奉順曉和尚，入灌頂壇，受三部悉地法，并得陀羅尼法門三十餘卷，種種曼荼羅圖樣十有餘基，念誦供具等。取台州刺史陸淳、明州刺史鄭審則印署，以二十四年歲在乙酉六月，還來復命。即詔有司，令寫《法華》、《維摩》等經疏七通，選三論、法相學聰悟者六人，更相講論。又以同年九月一日，有敕於清瀧峰高雄山寺，造毘盧遮那都會大壇，令傳受三部三昧耶妙法。預灌頂者，總有八人。苦行之力，果志早歸。聖德所感，遂弘此道。今被右大臣宣稱，奉敕：入唐受法僧二人，宜令所司，各與公驗，彌勤精進，興隆佛法，擁護國家，利樂群生者，省依宜旨奉行如右。

延曆二十四年（八〇五），最澄剛好四十歲。這裡所記的內容，是最澄歸國以後不久的活動。此中提及最澄比叡山十五年修行，然後入唐求法，並取得了很大成果等事跡。不過，可以看出，當時的日本社會最期待的並不是天台法門，而是最澄帶回的密教，最受歡迎的是灌頂的實修；也許這與桓武天皇的聖體不安有關係，希望藉由密法的儀式，得以安康。

必須留意的是，這裡記述了九月一日發出之勅令，《叡山大師傳》中，九月七日卻沒有明確記錄。另外，《顯戒論緣起》所收錄的文書，將順曉所傳承的「天竺無畏三藏」改成了「天竺不空三藏」。關於這個更改，如前所述，也許在《顯戒論緣起》的編纂時，考慮到有這個改動的必要也說不定。

在《叡山大師傳》中，還記錄了一種灌頂，即五佛頂法。這其實在以上所示的公驗之前有記錄：

又，九月上旬臣弘世奉勅：令最澄闍梨，為朕重修行灌頂祕法。即依勅旨，於城西郊，擇求好地，建創壇場；又召畫工十餘人，敬圖五佛頂淨土一幅、大曼荼羅一幅。勅使石川朝臣川主，檢校諸事。自先受灌頂弟子八大德外，更加豐安、靈福、泰命等大德。灌頂既訖。

上文記錄了在舉行灌頂儀式之外，和氣弘世奉勅，命最澄重修灌頂祕法。高雄山寺的三部三昧耶（三部悉地）的傳法是九月七日，這個儀式是在七日之後重修，但具體時間沒有明確記錄。所描繪的不只是大曼荼羅，而且有五佛頂淨土一幅，估計是最澄在明州於同年五月從大素和尚處所受的五佛頂法。修法的地方是野寺（常住寺），即前面引文提及之「於城西郊」，光定的《傳述一心戒文・卷下》有「野寺西野」之表記。受法者除了之前的八人外，還有豐安、靈福、泰命。按最澄自撰的《顯戒論・卷上》所記，是受主上（桓武天皇）之命，建立佛頂壇，為十律師授受灌頂祕儀。

此外，按《日本後紀》的記載，最澄在九月十七日於宮中舉行了毘盧遮那法會等。

最澄於延曆二十五年（八〇六）正月三日，向朝廷上表，奏請下賜天台法華宗年分之得度者。這是因為，最澄見到，在南都六宗之中，當時只有三論宗與法相宗有此年分度者的現實，所以提出此一要求；而就此兩宗相較下，最盛的是法相宗。

最澄在上表文中之奏請，依《叡山大師傳》之記錄：「為勸諸宗業，普續大小教，更加天台法華宗，二十五年正月三日上表云。」另在《顯戒論緣起》中記有〈請加新法華宗表一首〉，在現存的最澄親筆《天台法華宗年分緣起》則記有〈請續將絕諸宗更加法華宗表〉，文曰：

沙門最澄言：最澄聞，一目之羅，不能得鳥；一兩之宗，何足普汲？徒有諸宗名，忽絕傳業人。誠願：準十二律呂，定年分度者之數；法六波羅蜜，分授業諸宗之員，則兩曜之明。宗別度二人：華嚴宗二人，天台法華宗二人，律宗二人；三論宗三人，加小乘成實宗；法相宗三人，加小乘俱舍宗。然則，陛下法施之德，獨秀於古今；群生法財之用，永足於塵劫。不任區區之至，謹奉表以聞；輕犯威嚴，伏深戰越。謹言。

延曆二十五年正月三日　沙門最澄上表

從〈請續將絕諸宗更加法華宗表〉的表名可以看出，最澄請願，除了繼續將斷絕之諸宗外，再加上新興的法華宗。其中的「一目之羅，不能得鳥」之句，是引用中國古典《淮南子．說山訓》之文句。當然，最澄並非直接依據《淮南子》，而是援用了智者大師所引用過此典的文句，即活用了《摩訶止觀．卷五上》之「一目之羅，不能得鳥；得鳥者，羅之一目耳」的語句，以之說明並主張諸宗並存的必要性。

於此所言的「南都諸宗」，即所謂南都六宗。年分各得度十人，即華嚴宗二人、律宗二人；三論宗加上成實宗一人，合三人；法相宗加上俱舍宗一人，合為三人。最澄在十人之外，提出了再增加天台法華宗二人、合計為十二人的新建議。其中，成實宗與俱舍宗被稱為「寓宗」，即附屬於大乘三論與法相兩宗。

最澄的提案得到了勝虞等僧綱（管理佛教事務之僧官）的贊同，於正月二十六日發出太政官符。太政官符中所示的各宗學業如下：

太政官符治部省

應分定年料度者數並學業事

華嚴業二人　並令讀《五教》、《指歸》、《綱目》

天台業二人

一人令讀《大毘盧遮那經》

一人令讀《摩訶止觀》

律業二人　並令讀《梵網經》、若《瑜伽聲聞地》

三論業三人　二人令讀《三論》　一人令讀《成實論》

法相業三人　二人令讀《唯識論》　一人令讀《俱舍論》

其中，華嚴業二人研習的是中國華嚴三祖法藏（六四三至七一二）的《華嚴五教章》、《華嚴經指歸》、《華嚴綱目》；天台宗二人中，一人研究《大毗盧遮那成佛神變加持經》（《大日經》）、一人研究《摩訶止觀》；律業二人研習《梵網經》以及《瑜伽師地論》聲聞地；三論業三人中，二人學習三論（《中論》、《百論》、《十二門論》）、一人學習《成實論》；法相業的三人中，二人鑽研《成唯識論》、一人研究《俱舍論》。如是規定，各宗必須研讀所列經論章疏。

天台宗，於延曆二十五年正月二十六日得以公認，成為獨立開宗之日。後或稱為遮那業與止觀業之年分度者，天台法華宗中包含了密教一個部門，稱為一宗二大支柱。

關於這兩業（天台業與遮那業），在後來的弘仁九年（八一八）五月「天台法華宗年分學生式」（「六条（條）式」）中言及到，在第三條和第四條裡，各自規定：

凡止觀業者，年年每日，長轉長講《法華》、《金光》、《仁王》、《守護》，諸大乘等護國眾經。

凡遮那業者，歲歲每日，長念《遮那》、《孔雀》、《不空》、《佛頂》，諸真言等護國真言。

在止觀業中，除了《法華經》、《金光明經（最勝王經）》、《仁王般若經》護國三部經典之外，不知為何又配置了密教經典《守護經》（《守護國界主陀羅尼經》）；而遮那業則指為《大毘盧遮那成佛神變加持經》（《大日經》）、《孔雀經》、《不空羂索神變真言經》、《佛頂尊勝陀羅尼經》等四部經典；相同的是，這些經典都是護國的經典。

據規定，學人必須十二年間住在比叡山中，潛心修學。十二年的年限，是根據《蘇悉地經》之經意規定的。《顯戒論・卷下》記曰：

開示住山修學期十二年明據四十六

謹案《蘇悉地羯羅經・中卷》云：「若作時念誦者，經十二年，縱有重罪，亦皆成就；假使法不具足，皆得成就。」已上經文明知，最下鈍者，經十二年，必得一驗。常轉、常講，期二六歲；念誦護摩，限十二年。然則，佛法有靈驗，國家得安寧也。

《蘇悉地經》是後來為圓仁所相承，即把胎藏（界）和金剛界再加上蘇悉地部而稱為三部大法。圓仁親自撰述了《蘇悉地經疏》，遂將《大日經》與《金剛頂經》一起並稱為密教經典。當然，在最澄的時代尚未如此。最澄的《台州錄》中將之定為大乘經律，還有空海的《三學錄》（《真言宗所學經律論目錄》）則將此作為律部經籍。

總之，最澄所定下的十二年時間，作為天台特定的「修學」年限，以達到護國——護持國家安寧——的目的，止觀業必須依持護國經典，來進行長轉、長講（常轉、常講）；遮那業則必須以真言的長念（念誦）以及護摩等行持，來完成修行的要求。

關於上面太政官符所規定的年分度者的人數以及必讀書目之後，還有一個重要的內容，即對得度者規定：「仍須各依本業疏，讀《法華》、《金光明》二部漢音及訓。經論中，問大義十條，通五以上者，乃聽得度。」由此可知，各宗除了本業外，還得依照疏釋按《法華經》與《金光明最勝王經》二部經典之漢音訓讀（日文讀法），提問從經論中所出的大義十條，能通過五條以上者，方可聽許得度。但是，關於漢音則說「若有習義殊高，勿限漢音。」可見，只要能熟知教義，漢音的閱讀能力可以不強求。

而關於得度之後的學習，則規定「受戒之後，皆令先必讀誦二部戒本，諳案一卷《羯磨四分律鈔》，更試十二條：本業十條，戒律二條。通七以上者，依次差任立義、複講、及諸國講師。雖通本業、不習戒律者，不聽任用。」由此可見，首先讀誦二部戒本，並熟知一卷《羯磨四分律鈔》。然後進行考試提問本業十條與戒律二條；能通過七條以上者，可以擔任立義、複講以及諸國寺院的講師。

天台宗的年分度者

延曆二十五年（八〇六）一月二十六日所頒發的太政官符，有著極為重要的意義。不過，天台宗年分度者，最初實行得度，則要到大同五年（八一〇）一月，在宮中舉行的金光明會上；此時，將大同二年（八〇七）至大同五年為止的四個年分合計得度了八名僧人。關於這八名僧侶，在〈天台法華宗年分得度學生名帳〉可以得知──此文書收錄於《顯戒論緣起》，以及在最澄親筆的文獻中得以分曉。前者是到弘仁七年為止的名簿，後者則更為詳細，即追加了弘仁八年和九年的記錄。文獻內容有些煩雜，但是展示了當時具體的情況，對後者記述列之如下：

〈天台法華宗年分得度學生名帳〉

自大同二年至于弘仁九年

合貳拾肆口之中住山一十口　相奪　養母　隨緣死去一口
僧光戒　養老母不住山　師主比叡山最澄　興福寺
僧光仁　巡遊修行不住山　師主比叡山最澄
僧光智　法相宗相奪　不知師主　西大寺
僧光法　法相宗相奪　不知師主　元興寺
已上四人　大同二年三年四年五年　合四箇年　天台法華宗遮那經業得度者
僧光忠　死去　弘仁六年夏
僧光定　住山師主比叡山最澄
僧光善　法相宗相奪　不知師主　西大寺
僧光秀　法相宗相奪　不知師主　興福寺
已上四人　大同二年三年四年五年　合四箇年　天台法華宗摩訶止觀業得度者
僧德善　住山　興福寺　遮那經業　師主律師修圓

僧仁風　不住山　大安寺止觀業　師主律師永忠
已上二人　弘仁二年　年分得度者
僧德真不住山　興福寺　遮那經業師主比叡山最澄
僧德圓住山　興福寺止觀業　師主大安寺傳燈滿位僧圓修
已上二人　弘仁三年　年分得度者
僧圓貞不住山　興福寺別勅法相宗相奪
僧圓正住山　興福寺止觀業　師主比叡山最澄
已上二人　弘仁四年　年分得度者
僧圓修不住山　興福寺自移高雄家遮那經業師主比叡山最澄
僧圓仁住山　興福寺止觀業　師主比叡山最澄
已上二人　弘仁五年　年分得度者僧道慧不住山　興福寺遮那業師主
一乘沙彌玄慧住山　比叡山止觀院止觀業師主比叡山最澄

已上二人　弘仁六年　年分得度者

僧正見不住山　未知入寺別勅法相宗相奪師主未識

僧正思養老母不住山　未入寺止觀業師主比叡山最澄

已上二人　弘仁七年　年分得度者

一乘沙彌道叡　比叡山止觀院　遮那經業　師主比叡山最澄

一乘沙彌道紹　比叡山止觀院　止觀業　師主比叡山最澄

已上二人　弘仁八年　年分得度者

一乘沙彌興善　比叡山止觀院　遮那業

師主比叡山最澄

一乘沙彌興勝　比叡山止觀院　止觀業　師主比叡山最澄

已上二人　弘仁九年　年分得度者

一乘沙彌弘真

一乘沙彌弘圓

已上二人　弘仁十年　年分得度者

在《叡山大師傳》中，記錄到弘仁十一年（八二〇），文曰：「自去大同二年，至于弘仁十一年，合一十四箇年，兩業度者二十八口，各各隨緣，散在諸方，住山之眾一十不滿。」由此可見，十四年裡，在得度的二十八人之中，常住於比叡山的不滿十人。從以上最澄的親筆記錄中，深深流露出最澄的遺憾之情。

最澄提到，至弘仁九年為止，二十四人中能住在比叡山內的只有十名，其他由於相奪、養母、隨緣、死去等原因而消失；不過，真正反映具體狀況的只是截至到弘仁七年的十年中的二十人而已。此二十名中，住在比叡山的只有六人，而此六人又因為「法相宗相奪」和「別勅」失去了二人；其中，還有為了贍養母親而離開二人，巡遊修行者離山一人，死去一人，共計四人。住山六人中修習遮那業的只有德善一人，光定、德圓、圓正、圓仁、玄慧五人則學習止觀業。弘仁五年（八一四）以止觀業而得度者中，記錄了二十一歲圓仁的名字，這是特別令人注目之處。

【註釋】

註一：唐代義淨法師所譯的《藥師琉璃光七佛本願功德經》，載有詳細的七佛本願和功德。至於七佛，則包括：東方光勝世界善名稱吉祥王如來、東方妙寶世界寶月智嚴光音自在王如來、東方圓滿香積世界金色寶光妙行成就如來、東方無憂世界無憂最勝吉祥如來、東方法幢世界法海雷音如來、東方善住寶海世界法海勝慧遊戲神通如來、東方淨琉璃世界藥師琉璃光如來。

註二：「騰、蘭」意指迦葉摩騰與竺法蘭。相傳，西元六十七年，這兩位天竺高僧用白馬馱著佛經來到中國，並譯出《四十二章經》，成為中國佛教史上最早的佛經翻譯。

註三：三學即「戒、定、慧」的修行。

註四：三聚之戒即「三聚淨戒」，為攝律儀戒、攝善法戒、攝眾生戒。

註五：「銀地」指佛隴寺，即天台山之寶地。

註六：「半偈」指的是「雪山童子」之典故，出自《大般涅槃經》。雪山童子為了聽聞「諸行無常，是生滅法」之後所續的半偈——「生滅滅已，寂滅為樂」，將自己身體獻出，竭誠求法。

註七：「因然投施往」一句其意不甚明了，恐有誤字。

第四章　最澄與空海

新來真言家，則泯筆授之相承；舊到華嚴家，則隱影響之軌模。沉空三論宗者，忘彈呵之屈恥，覆稱心之心醉；著有法相宗者，非濮陽之歸依，撥青龍之判經。

空海歸國以及兩人之間的交流

空海從大唐歸至太宰府，是在最澄歸國的翌年，即大同元年（八〇六）十月中。他沒有獲得直接入京的許可，直到大同四年（八〇九）七月十六日，才被准許進入平安京。

最澄在第二年的八月二十四日，給空海送去書簡，希望借閱空海請回日本的十二部文獻。這是因為，最澄看到了空海的《請來目錄》；在東寺，還保存著最澄親筆抄寫、空海所撰的《請來目錄》一卷。最澄的書簡內容如下：

謹（啟・借）請法門事

合十二部

《大日經略攝念誦隨行法》一卷

《大毘盧遮那成佛神變加持經略示七支念誦隨行法》一卷

《大日經供養儀式》一卷

《不動尊使者祕密法》一卷

《悉曇字記》一卷

《梵字悉曇章》一卷

《悉曇釋》一卷

《金剛頂毘盧遮那一百八尊法身契印》一卷

《宿曜經》三卷

《大唐大興善寺大辨正大廣智三藏表答碑》三卷

《金師子章并緣起六相》一卷

《華嚴經》一部四十卷

右法門，為傳法故，蹔借山室，不敢損失。謹付經珍佛子，以啓。

大同四年八月二十四日　下僧最澄狀上

可見，最澄特派弟子經珍往謁空海，至誠懇切地向空海借閱密教方面的書籍。

在這些書目之中，後來給最澄提供了重要論據的是《大唐大興善寺大辨正大廣智三藏表答碑》三卷等，這是格外引人注目的。本書即《不空表制集》（《代宗朝贈司空大辨正廣智三藏和上表制集》）六卷本，是後來最澄在論述大乘戒獨立時再次引以為據的典籍。其他如四十卷本般若譯的《華嚴經》，在後來的書信中提及，沒有如期得以抄寫。

之後，最澄還請求空海，欲借覽從唐代帶回來的其他經籍。推斷是於大同五年（八一〇）正月十五日所寫的書簡中，提出欲借閱的包括《十一面儀軌》（《十一面觀自在菩薩心密言念誦儀軌經》）與《千手菩薩儀軌》（《金剛頂瑜伽千手千眼觀自在菩薩修行儀軌經》）兩種儀軌的書籍；這是因為，最澄曾在入唐以前製作了觀音像，對於如何供養的法儀一直想進一步了解。

在這之後，最澄繼續向空海提出借閱其他請來的經籍，具體年月日期不甚明了。但是，在弘仁三年（八一二）十月二十六日，所借閱的《金剛頂真實大教王經》一部三卷是很重要的密教經典。這三卷經典乃是不空譯的《金剛頂經》（《金剛頂一切如來真實攝大乘現證大教王經》），是與《大日經》齊名的密教經典。

實際上，在提出借閱要求的前一日，最澄已在乙訓寺見過空海；隨後於十一月十五日於高雄山寺，接受空海的金剛界灌頂，十二月十四日又得到空海胎藏界灌頂之傳授。當時的情況，在空海親筆寫的《灌頂曆名》中可以如實得知；那不是正規的傳法灌頂，而是結緣灌頂，或稱為持明灌頂，即入門性質的儀式。受金剛界灌頂只有四人，受胎藏界灌頂則有一百九十人之多。在受胎藏界灌頂之中，有很多是最澄的弟子，如圓澄、光仁、光定，以及後文會提及的泰範等。只受了胎藏界灌頂的圓澄與泰範等，又於翌年弘仁四年（八一二）三月六日，在高雄山寺受了金剛界的灌頂。

據空海所記的文書可知，最澄的「得佛」（投花所得之本尊），在金剛界是金剛因菩薩，胎藏界是寶幢如來，而最澄的金剛號（金剛名號、密號）分別是菩提金剛、福聚金剛。最澄得到空海的傳法後，對於胎金兩部的知識有了甚深的理解，與入唐時在順曉處獲得傳授的是完全不一樣的密法。

另外，關於最澄的金剛號，據三井寺敬光（一七四〇至一七九五）所著的

《幼學顯密初門・三聖二師小傳》中的記錄，除上述兩個外，還列出「金剛界阿閦如來」以及「不動金剛」兩種金剛號；不過，究竟以何為根據就不得而知了。然而，若是予以推測，或許那是最澄在唐時，從順曉在金剛界道場所得到的金剛號。此外，《傳教大師全集》所收錄的《鎮將夜叉祕法》與《鎮將夜叉念誦法》中，「延曆二十四年十月三日」的歸國日期，記有「不動金剛最澄」的名號。這份文書如果是最澄親撰的話，問題就顯得單純。不過，其撰述者尚有考據的必要，這個問題目前只能暫且擱下，但望日後再作探究。

最澄在受了空海的兩次灌頂之後，在同一年（八一二）十二月十八日，又向空海借閱了以下七種經籍：

借請

《虛空藏經疏》四卷

《華嚴入法界品字門》一帖

加《文殊字母》返畢、《金剛字母》返畢

《十地經》二帖加《廻向經》、《十力經》

《菩提場所說一字轉輪王經》一帖

《守護國界主經》一帖返畢

《烏樞瑟摩經》一卷復上下

《金剛薩埵五祕密念誦儀軌》

右法門限來年二月下旬，將奉上。伏乞大德慈悲，哀愍聽許，稽首和南。

弘仁三年十二月十八日　受法弟子最澄

集十二帖僧智泉

在此，最澄還追加寫明了還書的日期；不過，最澄向空海所借用的諸貴重經籍，除還書推延外，還發生了諸多問題。關於這方面的問題，於此省略了。例如，在弘仁四年（八一三）正月十八日的書信中，有關於下列經籍歸還事宜的記錄：

奉上

《金剛薩埵五祕密儀軌》一卷

《金剛頂字母品》并《文殊問字母品》、《華嚴儀軌》一帖

件書且附泰範佛子，奉返上，惟垂檢納，幸甚幸甚。所殘諸本書，隨校了，尋奉返上，不取（敢？）致損失。

正月十八日　弟子最澄狀

首先所列的《金剛薩埵五祕密念誦儀軌》（《金剛頂瑜伽金剛薩埵五祕密修行念誦儀軌》）中主張，「顯教」為三大阿僧祇劫之修行，即有歷劫修行的必要，至於密教則是現證的修行。東密自空海以來，以及之後台密的圓仁，此經被視為極為尊貴的文獻。還有後面所列入的文獻中，有《華嚴儀軌》一書，

借用時寫為《華嚴入法界品字門》，此文獻全名為《大方廣佛花嚴經入法界品頓證毘盧遮那法身字輪瑜伽儀軌》，是一部短篇的儀軌文書。

照理說，這些文獻的抄寫不會用太多的時間。使用完後，最澄特地委託弟子泰範前去空海處歸還。

與空海決裂

關於最澄與空海決裂的原因，按以前一貫的說法是，空海在收到最澄欲借閱《理趣經》註釋書的書信後，以激烈的言辭加以拒絕而引起的。這個見解雖有很大的說服力，不過後來很多研究者提出了不同的見解，並做了嚴密的考察後，論述了原來的見地未必是完全正確的。於此，就圍繞這原來的方法，以比較客觀的立場來再度論述。

首先，問題是在下文所示弘仁四年（八一三）十一月二十三日的書信內容：

弟子最澄和南

請借書事

新撰《文殊讚法身禮》、《方圓圖》并《注義》、《釋理趣經》一卷。

右，限來月中旬，所請如件。先日所借經，并目錄等，正身持參，不敢詿損。

謹附貞聰佛子申上。弟子最澄和南。

弘仁四年十一月二十三日　弟子最澄狀上

高雄遍照大阿闍梨座下

弟子之志、諸佛所知、都無異心。惟莫棄捨、弟子幸甚。謹空

不過，這書簡的內容，後來有人卻沒有全文引用，「《釋理趣經》一卷」

的文字被刪掉了。也有研究者將原來的「二十三日」的日期改為「二十五日」加以引用；或許，是不樂意將作為「二十三日」的文書而流傳於後世吧？就這樣為了自己的方便，而竄改了加以引用，難免會造成事實模糊不清。

此外，最澄又寄給弟子泰範一封書簡，這便是現存的被稱為「久隔帖」的最澄親筆信，日期是「弘仁四年十一月二十五日」。信中寫道：

久隔清音，馳戀無極；傳承安和，且慰下情。大阿闍梨所示〈五八詩序〉中，有《一百二十禮佛》，並《方圓圖》，並《注義》等名。今奉和詩，未知其禮佛圖者。伏乞令聞阿闍梨，其所撰圖義，並其大意等告施。其和詩者忽難作，著筆之文，難改後代；惟示其委曲，必造和詩，奉上座下。謹附貞聰佛子奉狀，和南。

弘仁四年十一月二十五日　　小法弟最澄狀上

高雄範闍梨法前

此頃，得《法華》梵本一卷。為令覽阿闍梨，以來月九、十日許參上。若有和上暇，必將參上；若無暇，更待後暇。惟示指南，委曲尋申上。謹空

雖然給空海以及泰範的信文內容有所相異，但皆提到空海撰寫的〈五八詩〉——即四十字的〈中壽感興詩〉，而附上了和韻詩。並與前文中所言及之借覽新撰《文殊讚法身禮》（《一百二十禮佛》）、《方圓圖》、《注義》的請求有共通之處；只不過，最澄的兩信，分別是向空海直接請求、以及通過泰範間接請求的差異而已。

兩信的日期同為二十五日；如前者果真是二十三日的話，那一定是給泰範的信，特意推後到二日之後，最澄與空海的交流上便不會存在負面因素。

不過，前面最澄給空海的書簡中提到「釋理趣經一卷」的內容，此事在空海的《遍照發揮性靈集》（《續遍照發揮性靈集補闕抄》）卷一〇中在以〈答叡山澄法師求理趣釋經書〉為標題所收錄的文書中，後來產生種種論議。

向來一貫的見解，是將此事以「最澄欲向空海求借《釋理趣經》一書，因而引起了空海的不快與反感」而加以論斷。但是，空海用極為嚴厲的言辭回答最澄，似乎不是很恰當；信上寫的「澄法師」未必是指最澄，也有可能是指圓澄。另外，有人認為「釋理趣經一卷」是原本沒有的內容，空海的回信中也未曾提及最澄欲借閱書籍文獻之事。總之，關於這個問題，出現了諸如此般的見解。

不過，即便有記載「釋理趣經一卷」內容，也好似沒有任何不自然之處。最澄入唐就請來了《理趣品別譯經》，即《理趣經》，這在《越州錄》有明確的記錄；因此可以想見，最澄應是很想了解《理趣經》的註釋內容。在空海所記的《御請來目錄》中，就記有《般若理趣釋》一卷，即是不空譯的《理趣釋》（《大樂金剛不空真實三昧耶經般若波羅蜜多理趣釋》），其中說明了以「十七清淨句」為基礎而肯定男女關係的思想，即大樂思想。空海拒絕了最澄的借閱請求，或許就是這個理由也說不定。空海將這部分內容，在書信中強調了「以心傳心」的重要性，因此說道：「文是糟粕，文是瓦礫。」這是為人所熟知的事。

幾年之後，最澄在弘仁九年（八一八）著述《守護國界章》，在卷上對法相宗的德一進行了批判。將《大般若經》的〈般若理趣分〉，稱為《理趣經》，並圍繞著中國法相宗基（窺基）法師所撰述的註釋《大般若波羅蜜多經般若理趣分述讚》進行了論辯。這是因為，最澄認為法相宗的德一對窺基的行位（修行階位）說沒有正確的理解，而著書進行了批判。

最澄在弘仁四年（八一三）九月著述了《依憑天台集》（《大唐新羅諸宗義匠依憑天台義集》）。在此書中，引用了已經傳到日本的一行（六八三至七二七）所著的《大日經疏》，闡明了密教與天台義是互通相契的思想。《大日經疏》作為《大日經》註釋書，基本上是東密所重視的典籍。先由空海請來的二十卷本《大日經疏》，以及後來台密的圓仁請來的十四卷本《大日經義釋》為依據。最澄所援用的是其他系統的《大日經疏》，其內容則大同小異。

善無畏的弟子一行，也研習過天台教理，因此論述中有依據天台教理的痕跡，而引起最澄的注目，設定了「大唐南嶽真言宗沙門一行同天台三德、數息、三諦義」的主張，為了論說密教與天台教理的三德以及數息與三諦（空、假、中）之義本來一致，而撰述了四篇文章，並引用了其中的文句。最初一項至第三項，引用了智者大師的語句，第一項是數息，第三項是三德，即法身、般若、解脫的關聯內容。第四項所引用的雖沒有涉及天台之語，但是暢論了「即空即假即中」的天台三諦說與密教阿字門相融合之論說。

最澄在弘仁七年追加了《依憑天台集》的序文，序文中開宗明義地寫道：「我日本天下，圓機已熟，圓教遂興。」宣布了天台圓教時代到來的時機觀。而對其他的佛教諸宗加以判別，其文記之如下：

新來真言家，則泯筆授之相承；舊到華嚴家，則隱影響之軌模。沉空三論宗者，忘彈呵之屈恥，覆稱心之心醉；著有法相宗者，非濮陽之歸依，撥青龍之判經。

最澄認為，諸宗學僧應以天台圓宗為依憑，而撰述了《依憑天台集》一文，最澄指出了日本的真言宗以及南都的華嚴家、三論宗、法相宗都忘卻了這個道理。

首先論述的是真言家，稱其無視筆授之相承，可能是暗示前面所提到之對借閱《理趣釋》的拒絕之事，暗中指責空海不尊重傳來文獻；關於這一點，可以理解為最澄表明已與空海之交流斷絕的宣言。而對於南都（奈良）所傳的華嚴宗，則指其隱沒了唐代慧苑（註一）所著的《續華嚴略疏刊定記》，抹殺了天台的影響等過錯。

而對於三論宗，則指出其沉滯空理的弊害；此中所說的「稱心」是指稱心精舍。《續高僧傳．卷一九》中記錄了天台灌頂（五六一至六三二，智者大師弟子）於稱心精舍講述《法華經》時，雖見嘉祥吉藏（五四九至六二三，漢傳三論宗代表人物）的心醉樣子而故作視而不見。批判著於有見的法相宗人，卻不以濮陽智周的學說為歸趣。關於濮陽智周（六六八至七二三），《依憑天台集》中述之如下：

大唐濮陽法相宗沙門智周，依天台宗造《菩薩戒經疏》五卷。其菩薩戒經疏第一卷云：將釋此經文，前依天台智者，作五門分別。一釋經名，二出經體，三明經宗，四辨經力用，五判經教相等云云。

智周所撰「菩薩戒經疏五卷」，即《梵網經疏》（《梵網經菩薩戒本疏》）五卷，現在卷一已經散逸。按最澄所引用，智周依據了天台的五重玄義（名、體、宗、用、教）。從現存的卷二來看，智周還採用了天台的六即說。

還有提到的「青龍」一人，這是指唐代青龍寺良賁（七一七至七七七）；他著述了《仁王護國般若波羅蜜多經疏》，也一定程度論及天台教義。最澄認為，日本的學僧對此卻沒有充分的認識。

如上，最澄在《依憑天台集》一書中，講述了各宗受到天台影響的事實。在完成三年後，嚴正指責諸宗學人無視這一事實，其中可以看出，作為日本天台宗裡有必要育成遮那業的學僧而言，與空海斷交的確是一個不可忽視的重要問題。為了進一步說明這個問題，接下來便須繼續敘述最澄弟子泰範的離去事件。

泰範的離去

談論最澄與空海的關係時，總難以避開泰範的話題；然而，對泰範這個人物的真實情況，其實一向不是十分清楚。不過，儘管最澄對泰範的才能有很高的評價，而且有重用的想法，泰範卻投奔了空海，最澄為此寫下了十分悲切的書信。透過書信內容，可以窺知天台宗與真言宗之間對密教觀的相異之處。

泰範在弘仁二年（八一一）八月一日的書信中寫道：「忽有重障，不堪諸事。」以此理由沒有允諾開講《法華經》。由此書信中，可以窺知其與最澄的關係已經起了微妙的變化。而最澄在弘仁三年（八一二）四月二十一日的書信中寫道：「同法已別，老前含悲，晝夜憂慮。……伏乞照察本願，遙留此院，早歸弊室，俱期佛惠。」並在書信結尾時，寫下了「莫棄老僧，謹疏」六個充滿悲愴的字。

這年，最澄四十七歲，在十二月與泰範一起從空海處受了胎藏界灌頂。於此之前，最澄與弟子泰範的關係已經處於非常緊張的狀態。

同一年的五月八日，最澄寫下了遺言，即所謂「弘仁三年遺書」，其文曰：

老僧最澄遺言

山寺總別當泰範師兼文書司

傳法座主圓澄師

一切經藏別當沙彌孝融近士土師茂足

雜文書別當近士壬生維成

右，為住持佛法，檢校經藏文書，唱導一眾，充行如件。宜我同法，隨件別當言，應承行，勿左右、是非。但三年之間，文書，並道具、雜物等，不得出入於經藏。雖過三年，不得出散於院內。以遺言。

弘仁三年五月八日

老病僧最澄

知事僧泰法

這是最澄將後事囑託弟子們的遺書；文書末尾寫了「老病僧最澄」，可見病狀有惡化的可能。此遺言開頭委命泰範為比叡山內總別當，並兼任文書司，然後是任命圓澄為傳法座主。

但是，泰範沒有接受委任之請。泰範於六月二十九日寫好了乞暇書信，其文如下：

員外弟子泰範稽首和南

泰範，常破戒意行，徒穢清淨眾，如伊蘭（註二）臭香林，似魚目濫清玉。（自顧）淺生，野蒐恥非少。誠願暫制心一處，懺悔罪業。謹請暇，稽首和南。

弘仁三年六月二十九日弟子泰範

泰範在信文中自稱是「員外弟子」，可見泰範不是最澄原有的弟子，而是從外來投靠最澄的；因此，他在比叡山內未能完全與同門相融洽的可能性很大。泰範將自己比作伊蘭與魚目，向最澄提出離山的請求。最澄接到泰範這封書信，在同一天寫了回信，深表驚嘆以及痛惜之意，其文如下：

見書驚痛。住持法，蹔於闍梨，老僧之志，亦不用二；何忽然忘斷金契，更請不意暇？若有懺（悔）罪事，具告弊僧。丈夫，厭眾口煩，棄捨法船哉！誠願，暫閉室門，坐繩床上，不得外出東去西去。此深所望，謹附迴使圓光行者，以和南。

六月二十九日　　下同法最澄狀上

塔院禪房側

委曲之志，對面具陳。莫厭今云所世間囂塵事，為持佛事故。謹空

從最澄的回信可知，對泰範意想不到的乞暇出走，最澄先是驚訝，然後心

痛之情油然而生。文中甚有挽留之意，如其對泰範說：若有懺悔之罪，可以向我最澄發露，何必出山遠走？在追記中，最澄希望與住在比叡山塔院中的泰範促膝談心；但是，泰範的下山之意已決，已是難以挽回了。

最澄在同年（八一二）八月十九日給空海的書函中自稱「弟子老僧最澄和南」，並在信中表明了自己的立場。他寫道：

但遮那宗與天台融通，疏宗亦同。……《法華》、《金光明》，先帝御願，亦一乘旨與真言無異。伏乞覓遮那機，年年相計令傳通。

最澄認為，天台與密教是相互融通，不存在優劣的問題，故而特用「一乘」至這個詞彙來加以表述。後文還會言及，最澄所主張之天台與密教的一致性，對於日本天台宗是一個極為重要的關鍵詞。

此書信是最澄在受法於空海之前所寫的，表達了最澄願意受密法的法悅之情。但是，實際上，最澄所主張的密教與天台的一致之說，後來受到了空海的強烈批評。

最澄與泰範的書信往來，後來又持續了一段時間。在弘仁四年（八一三）六月十九日，最澄給泰範的書簡中提出了歸還《止觀輔行傳弘決》一書的要求。最澄於信中自稱「被棄老同法最澄」；悲愴之情，溢於言表。

可以從最澄致空海的書信知道，那是弘仁七年（八一六）二月十日，一般認為是最澄給空海的最後信件；信的內容，是關於歸還從空海處所借經籍以及相關文獻，是對於空海催促還書的回覆。之後，同年（八一六）五月一日，最澄沉痛地給泰範寫了與泰範脫離關係的書信，內容如下：

（前略）

老僧最澄，生年五十，生涯不久，住持未定。同法各見，六和都無；獨荷一乘，流連俗間。但恨，別居闍梨。往年所期，為法忘身，發心資法。已建年分，亦興長講。闍梨之功，片時不忘。又高雄灌頂，同志求道，俱期佛惠。何圖闍梨永背本願，久住別所？蓋捨劣取勝，世上常理。然法華一乘、真言一乘，何有優劣？同法同戀，是謂善友。我、公此生結緣，待見彌勒。儻若有深緣，俱住生死，同負群生。以來春節，東遊頭陀，次第南遊，更西遊北遊，永入叡山，待生涯。去來何迴遊日本，同殖德本，不顧譏謦，遂本意。此深所望。

謹附便信，奉狀。不宣。謹狀。

弘仁七年五月一日　小釋最澄狀上座前

範闍梨

茶十斤以表遠志。謹空

這年，最澄時年五十一歲。他送附茶十斤，特送去書簡以表心跡；在信中追憶了在高雄山寺一起在空海處灌頂的舊事，並言世間捨劣取勝雖是常理，但法華一乘與真言一乘本無優劣之分。信中可見最澄對離去的泰範依舊留戀，流露出失落之情。

這封信的相關內容，是從空海給最澄的回信中得以了知。在提起這個話題之前，先敘述一下在最澄的信中引人注目的一處是，言及最澄到來春時節欲東遊諸國之事，即巡遊東國的計畫。最澄往東國出遊的時間是弘仁八年（八一七）春，參照其他資料，可知《叡山大師傳》載為弘仁六年的記事應該加以訂正。

對於最澄的書信，空海的回信收錄在《遍照發揮性靈集》（《續遍照發揮性靈集補闕抄》）卷一〇中題為〈為泰範答叡山澄法師啟書〉的文獻中。此回信實際上是空海為泰範代筆的內容。此中空海引用了最澄書信中的言辭，寫道：「又云『法華一乘、真言一乘，有何優劣』者，泰範，智昧菽麥，何辨玉石？」接下去的信文，空海則明確地主張了密教的秀逸之處。文曰：

夫如來大師，隨機投藥；性欲千殊，藥種萬差。大小並鑣，一三爭轍；權實難別，顯密易濫。自非知音，誰能別之？雖然法、應之佛，不得無差；顯密之教，何無淺深？法、智兩佛，自、他二受，顯密別說，權實有隔。

空海針對最澄的天台與密教一致的觀點提出批評；他認為，若比較密教與顯教，顯然密教具有優越性。若言佛身，法身與應身之說也有差別，密教之佛是限定在理法身、智法身、自受用身。因為佛身論甚為煩瑣，所以在這裡空海沒有深入下去；但是，他認為天台宗所主張的法身、報身、應身三身一體平等的教說，與密教的立場不盡相同。

總之，在看最澄與空海的斷絕關係這件事，思想上的相異固然無可厚非；但是，就人事問題上而言，泰範出走投奔空海之事，仍然有論究之必要。

最澄的諸國歷訪

前面曾提及最澄往東國巡遊之事。關於最澄在此前後於比叡山以外的布教活動，現按年次來表示，或許是最容易瞭解的方式。當然，在這裡面難免會有些未必與事實相吻合的軼事等記錄，還有一些記載不甚清楚的內容。以下且以年表形式示之：

弘仁三年（八一二，四七歲）九月

為了實現渡海之願，特往住吉大神（住吉大社）供一萬燈，讀大乘經典（《傳述一心戒文・卷上》）

弘仁五年（八一四，四九歲）春

為遂渡海之願，親赴筑紫，參拜八幡大神（宇佐八幡），講述《法華經》。由八幡大神的託宣，授予紫袈裟以及紫衣一領。另往賀春之神宮寺參拜，講述《法華經》。相傳斯地頓現奇瑞。（《叡

山大師傳》）

弘仁七年（八一六，五十一歲）

此年，參拜四天王寺之聖德太子廟，作〈求傳法華宗詩〉。（《傳述一心戒文・卷下》）其詩云：

海內求緣力，歸心聖德宮；我今弘妙法，師教令無窮。
兩樹隨春別，三卉應節同。願惟國教使，加護助興隆。

弘仁八年（八一七，五十二歲）春

由東山道前往東國。於上野與下野建立寶塔，安置《法華經》二千部、一萬六千卷。（《叡山大師傳》，年次應須修正）

此寶塔應是最澄發願造立之六座寶塔中，安東（上野國綠野郡）

與安北（下野國都賀郡）的其中兩處。其他四處是安南（豊前國宇佐郡）、安西（筑前國）、安中（山城國，比叡山）、安總（近江國，比叡山）。

三月六日

在下野的大慈寺，最澄授予圓仁和德圓菩薩戒。（《慈覺大師傳》、《園城寺文書》——〈最澄授德圓戒牒〉）

五月十五日

於上野的綠野寺，授予圓澄與廣智胎藏、金剛兩部灌頂。（關於兩部灌頂的內容不甚明瞭。《天台霞標》二之二「相承血脈」）

日期不明

在東國巡遊教化之際，在東山道的艱險處信濃坂（神坂峠），即美濃國側廣濟院、信濃國側廣拯院，建立住宿設施（《叡山大師傳》）

【註釋】

註一：慧苑為華嚴三祖法藏弟子。他承續法藏未完成的《華嚴經略疏》，撰續《華嚴經略疏刊定記》；然而，《記》中所說，卻往往和法藏的思想有所出入。例如，將「五教」的教判改為四教、改「十玄」為十種德相和十種業用的「兩重十玄」。之後，被四祖澄觀作《大疏鈔》百卷逐一破斥。因此，後來正統的華嚴宗人都以他為異端之存在。

註二：「伊蘭」為一種會散發惡臭的樹木，於此處與香木栴檀作對比。

第五章　最澄與德一

常平等故，心、佛、及眾生，是三無差別；常差別故，流轉五道，說名眾生；反流盡源，說名為佛。以有此平等義故，無佛、無眾生；為此緣起差別義故，眾生須修道。

「三一權實論爭」的開始

與空海斷絕交流後，晚年的最澄，與法相宗德一的論爭以及大乘戒的獨立，可以說是最重要的事跡。首先，闡述一下最澄與德一的「三一權實」辯論的問題。

關於最澄與德一辯論一事，是最澄針對德一的思想而加以批駁的內容，但是現今沒有流傳下德一反駁最澄的著作。

雙方以各自的宗派立場，展開「一乘與三乘究竟何為真實」的辯論，問題主要在何謂「權教」、或者何謂「方便說」來進行對論，這是兩者最為重要的論辯主題，自然各執己見、互不相讓。最澄所說的一乘思想，主張一切眾生皆能成佛；而德一所提倡的三乘思想，則認為有不能成佛的眾生存在，這是法相宗所謂的「五性各別」的理論；若要仔細解說，其教理著實複雜，令人費解，容後述之。

其實，最澄是以天台教理為宗，德一則以法相（唯識）之教義為本，所依教門相異；所以，從辯論一開始便各自有其定論，結果就不辯自明，誰也不可能成為這場辯論的勝者。雖然是一場堅持批判對方、樹立自家教義、不可能達成折衷結論的辯論；然而，還是有一定的宗教意義存在。

到了後世，在宮中的清涼殿，又發生過一次名為「應和之宗論」（應和三年，九六三）的辯論會。這是天台宗的良源（九一二至九八五）與法相宗的仲算，兩者各自為陣營，以自家宗派理論為依據，展開了一場宗派大法戰，成為一樁流傳於後世的法門盛事。

當然，最澄為了宣揚天台法華宗的優越性，往東國布教是一件極為重要的大事；另一方面，此時的空海也開始積極在各處宣揚真言密教。空海給下野國大慈寺廣智的書信（《高野雜筆集》），是在弘仁六年（八一五）三月二十六日發出的。廣智是繼承鑑真弟子道忠之後的人物；大同三年（八〇八），由圓仁帶著上了比叡山；而後在大同五年（八一〇），最澄授與他由順曉直傳的三部三昧耶。

空海在之後四月三日的書信中，對德一敬稱「德一菩薩」（《高野雜筆集》），可見對德一頗為尊敬。德一唯一流傳下來的著作是《真言宗未決文》，就是在與空海交流時寫就的。這封給德一的書簡，日期是弘仁六年四月二日，可以視為「勸緣疏」之類的文件。這封「勸緣疏」在空海的文獻中題為〈奉勸諸有緣眾應奉寫祕密法藏合三十五卷具目載別紙〉（《遍照發揮性靈集・卷九》），即是勸募獎勵書寫三十五卷真言密教典籍的文書，其書寫之文書內容凝聚了空海的密教思想。不過，除了這裡說的「三十五卷」，還有「三十六卷」之說；至於具體的典籍目錄可惜沒有傳下來。不過，可以肯定的是，其中有一部相傳為龍猛撰的《菩提心論》（《金剛頂瑜伽中發阿耨多羅三藐三菩提心論》），因為這在「勸緣疏」中被提到過。

在《菩提心論》中，有論述到與《法華經》完全相同的「二乘作佛」之說，這與法相宗所主張的成佛論不同。最澄在暮年時在《法華秀句》卷上援用了《菩提心論》這個「二乘作佛」的金剛頂宗的學說，對德一進行了批判。可見，空海所流傳的眾多書籍，對最澄的思想產生了很大的影響。

關於最澄與德一的論辯，得見於最澄那時節最初撰述的《照權實鏡》之中，此書撰述於弘仁八年二月。《照權實鏡》是一部短篇，應該是前往東國巡遊時的著作。德一住在會津（福島縣），是一位為人們所崇敬的法相宗高僧。最澄在《照權實鏡》中，對德一所著之《佛性抄》的觀點——將《法華經》視為權說的判釋理論——予以批判，嚴正指出只有《法華經》才是佛法的真實之教。《照權實鏡》是以批判德一理論為出發點的論著，序文中敘述了印度有善瑜伽師與惡瑜伽師，在中國則有善法相師與惡法相師，而將惡相法師的德一的荒謬見解示之如下：

其惡法相師，執《法華經》權密說、方便說、隨他意說、引攝說、體狡說、謗人、謗法、晝夜不息。

可見，最澄批駁德一是惡法相師，將他所主張的《法華經》為權密說、方便說、隨他意說、引攝說、體狡說乃是欺人之誹謗之言。關於最初的「權、密」

意涵，略有難解之處，以下略作說明。

本來「祕密」一詞就有「非比尋常」的意思，但更重要的是其包含「深奧難測」之意味。然而，因為在《法華經》中，將以前諸種經典祕而不宣的「二乘作佛」之深密教義說了出來，所以也有將之稱為「祕密教」。不過，既然《法華經》已經說了，就無所謂祕密，自然已成「顯（露之）教」了。當然，此處的意思無非是說明，佛已將此精深奧祕的教說，在《法華經》中開示無遺；而此不可思議、隱密難測的教說，可以用「祕密」一詞稱之。

可是，德一則將《法華經》中的密意教判之為權教，與最澄所理解的「祕密」之語意顯然是大相逕庭。關於最澄與德一的宗論爭辯，可見於最澄撰述的《守護國界章．卷下之下》和《法華秀句．卷上》，是圍繞著《大乘十法經》中所說的「十祕密」而展開的論辯。不過，他們使用的經文是《大乘十法經》的異譯本《大寶積經》中的「大乘十法會」中的內容。此「十祕密」的第一是關於授記之密，是德一將《法華經》視為權教的根據；對此，最澄則以「時德密」一語來論難德一的言論。正如前記所述那樣，最澄與德一在成佛論的見解上立場不一樣；因此，這樣的辯論，顯然沒有融合的可能。

德一與最澄的著作

關於德一的著作，相傳有十六部，或有十七部。而與最澄相論辯中，得知的文獻，除了《佛性抄》一卷之外，另有《中邊義鏡》（三卷）、《惠日羽足》（三卷）、《遮異見章》（三卷）三種著書。這些文獻內容，並非直接從德一的原著得知，而是由最澄的引用中而知曉；不過，欲從最澄的撰述中找到對應的文句，並不是一一明瞭清楚、井然有序的，因此未能真正得到十分明確的解析。不過，從歷來研究者所獲得的研究成果來看，從其他資料中，也能對德一著作有所了解。

最澄現存的著作，繼《照權實鏡》後，又著有《守護國界章》九卷（弘仁九年，八一八）、《決權實論》一卷、《通六九證破比量文》一卷、《法華秀句》三卷（或為五卷，弘仁十三，八二一）等書籍。《守護國界章》是較為大部的著作，其批判對象是《中邊義鏡》。此著作的內容特色在於，直接繼承了以前《佛性抄》和《照權實鏡》的論辯，與批判德一的著作《中邊義鏡》，並不屬於同一系統。

關於這個學術問題，最先進的研究者田村晃祐氏的成績卓著。田村認為，假稱為《天台法華義》的文獻乃是道忠教團內部的僧人所著，以此來批判德一的《中邊義鏡》。不過，此與《決權實論》中所記為最澄撰述的《一乘義集》、與這本假稱《天台法華義》的論著之間，關係究竟為何之問題，尚未完全得到解明。因此，田村的學說還難以全部認可，尚須今後進一步探討與論證，目前只能說是獲得了階段性的研究成果而已。

《天台法華義》一書，將天台教判——《摩訶止觀》、《法華玄義》、《法華文句》中所講述的天台學說，以及法寶、華嚴的「一乘說」作為一整體的內容，作為批判《中邊義鏡》的依據；最澄的《守護國界章》，則是對德一《中邊義鏡》進行再批判的著作。此中所說的天台教判，即為「五時八教」，是根據明曠的《天台八教大意》以及依用智者大師之大本《四教義》的內容，這是此書的特色。

在前述的《依憑天台集》中，弘仁七年補記的序文中敘道：「我日本天下，圓機已熟，圓教遂與。」的文字內容中來看，在《守護國界章．卷上之下》也有如下記述：

夫權小、權大、實一乘，其道懸別難思議。……其修行道，亦有迂回、歷劫、直道。其修行者，步行迂回道、步行歷劫道、飛行無礙道。麁食者所示，多分小乘止觀者，相似步行迂回道；又，多分菩薩止觀者，相似步行歷劫道；此二步行道，有教無修人。當今人機，皆轉變，都無小乘機。正、像稍過已，末法太有近；法華一乘機，今正是其時。何以得知？〈安樂行品〉末世法滅時也。今，四安樂行，三入、著、坐行，六牙白象觀、六根懺悔法、般若一行觀、般舟三昧行、方等真言行、觀音六字句、遮那胎藏等，如是直道經，其數有無量。

文中所說之「麁（粗）食者」，是最澄稱呼德一的常用之語。在此文中，引用了德一《止觀論》的內容之後，批判這是迂回、歷劫之教說，而稱賞天台乃是直道之教說，而且是全體一貫之圓滿之說；此「直道」也可稱為「飛行無礙道」。最澄認為，在接近末法的時代，頑劣眾生已不是小乘之機所能濟度；而皆得以弘揚法華一乘之機者，方能普渡。此處引人注目的是用「直道」之語，意在將天台與密教的修行相融合。具體地說，是主張依據《法華經．安樂行品》中所說的身、口、意、誓願的四安樂行，再結合主張以入、著、坐行三種行持的《法華經・法師品》為基礎，作為弘經之三軌，資之得以「入如來家、著如來衣、坐如來座」來宣說佛法，再將此三種行持依次配對「大慈悲心、柔和忍辱心、一切法空義」來說法利生。

引文中所提到的「六牙白象觀」，則是依據《法華經・普賢菩薩勸發品》；還有「六根懺悔法」，則是依據《觀普賢菩薩行法經》以及《法華經・法師功德品》的行法。以上是最澄運用了天台的四種三昧中的半行半坐三昧，更將之二分而成法華三昧。

此外，最澄又將般若一行觀、般舟三昧行、方等真言行、觀音六字句並稱四種三昧。「般若一行觀」是依據《文殊說般若經》和《文殊師利問經》所說的常坐三昧；「般舟三昧行」是依據《般舟三昧經》的常行三昧；「方等真言行」是依據《大方等陀羅尼經》所說的半行半坐三昧中之一的方等三昧；「觀音六字句」是依據《請觀音經》和《七佛八菩薩所說大陀羅尼神呪經》所說的非行非坐三昧。這是最澄將《摩訶止觀》中所說的四種三昧按前述的學說加以一一列記，然後再附加上遮那胎藏。如果以設立遮那業而言，那是理所當然之事。最澄在與空海決裂之後，密教依舊成為他生涯中極為重要的法門，這可以從他與德一的論辯中得以窺見。

另外，最澄還撰述了《法華去惑》四卷，內容上大致與《守護國界章》卷中相類似。

還有，《決權實論》是在《守護國界章》之後寫就，《法華秀句》則是最澄最後的著作。從後世的引用中可知，《遮異見章》便是德一反駁最澄《守護國界章》的論書。在《決權實論》中，不僅有《遮異見章》之書名，還出現了《中邊義鏡》以及《慧日羽足》的書名；由此可知，新出現的《遮異見章》與《慧日羽足》兩書是最澄所批判的對象。《決權實論》無疑是最澄的親撰著作，書中記有《守護國界章》、《照權實鏡》、《一乘義集》等書名。

此外，最澄有《通六九證破比量文》一書，於下文將要敘述的《法華秀句》中提到，可見是《法華秀句》之前的著作。

最澄的最晚年之所寫的《法華秀句》三卷（五卷），是論述「法華十勝」的著作。此中論述了「佛說已顯真實勝一」、「佛說經名示義勝二」、「無問自說果分勝三」、「五佛道同歸一勝四」、「佛說諸經校量勝五」、「佛說十喻校量勝六」、「即身六根互用勝七」、「即身成佛化導勝八」、「多寶分身付屬勝九」、「普賢菩薩勸發勝十」的思想內容。其架構包括，卷上（本、末）「佛說已顯真實勝一」，「佛說經名示義勝二」以下之九勝則全為卷下所涵蓋。由此想提一下的是，《法華秀句》卷中（本、末）的內容，有出自於其他文獻的可能性。《法華秀句》的別稱為《法華輔照》，而《法華輔照》的內容，也有人認為原本只是限定在卷中的內容而加以稱之。但是，五大院安然（八四一至八八九、另一說為九一五入滅）所著的《即身成佛義私記》，則將《法華秀句》卷下的內容配當《法華輔照》下卷之文加以引用。所以，此說法看來難以成立。關於卷中的諸問題，暫且於此割置不論。

在《法華秀句．卷上末》明確記道：

如是等權、實，及成不成、定不定性，約位約種，密意隱密、《義鏡章》等、《慧日羽足》、《遮異見章》等，委悉遮破，如《守護國界章》、《照權實鏡》、《決權實論》、《通六九證》等。

於此列舉了德一的著書與《義鏡章》、《慧日羽足》、《遮異見章》，最澄則自己撰述《守護國界章》、《照權實境》、《決權實論》、《通六九證破比量文》論破之。

就已論及的最澄著作中，擬將最澄的思想作出如下論述。首先，是在《決權實論．一卷中》，列出了二十條項目，各以「山家問難—北轅會釋—山家救難」的形式來加以論說；其中，「山家問難」又以「一問、二答、三難、四不通義」加以定型化，亦即採取「最澄先以自問的形式提出問題，再以法相宗立場來推敲、回答之，最後加以論破」的體裁。而將德一的回答，假定為「北轅會釋」——最澄在此書中不再將德一譏為「麁食者」，而以「北轅者」稱呼之。最後的「山家救難」，則是最澄的主張。

而這二十條的內容，分別是前半十條與後半十條。且舉前半的第三條之內容為例：

山家問難　問：皆名佛子、一切眾生作佛　第三問曰：若名佛子，一切眾生，來世作佛已否？

答曰：縱使雖名為佛子，然彼畢竟無涅槃性者，決定來世不作佛道。

難曰：違《法華經．第一卷．方便品》偈云：諸法從本來，常自寂滅相；佛子行道已，來世得作佛。

奧州北轅者通曰：末學者第三問，今愍教授云：不定性二乘、不定性增上慢，及斷善闡提之佛子行道已，來世得作佛也。

山家救云：北轅此釋，妙理未盡。所以者何？北轅者未解三世定性故。過去定性住不退位聞《法華經》，現在定性聞《法華經》得成佛道，未來定性入滅之後，住妙淨土，於彼土聞《法華經》得佛滅度。夫三世定性；若不聞《法華》，不得廻心向大乘故。北轅者未受灌頂，未學真言，偏執權宗，歷劫顯教永迷。善星(註一)畢死，再生北轅。不若伏我慢幢，習受職事，(註二)現生佛家。是故名為四不通也。

眾所周知，天台宗主張一切眾生悉能成佛，而法相宗則堅持「五性各別」的立場來說成佛。上面敘述的「今愍教授云」之內容，即是德一的主張。按法相宗的立場而言，不定性者的成佛自然沒有問題，但對於「斷善闡提」的成佛與否問題，則必須加以嚴格論證方可。

實際上，法相宗中將「一闡提」、分為斷善闡提、大悲闡提、無性闡提等三類；關於其中之一的斷善闡提之成佛可能性，認為也是有考慮餘地的。其中的大悲闡提是究極利他行而不成佛道，則成為後世日本天台宗所議論的重要話題之一。

不管怎麼說，天台宗依據《法華經》而極力提倡二乘作佛說；因此，最澄則主張，法相宗所說不能成佛者之定性者，也完全有成佛的可能。在此特別引人注目的地方是，最澄自詡自己受過密教灌頂，而德一則沒有學過密教，故其執迷於歷劫之顯教。對最澄來說，密教確實是極為重要的法門。

最澄的思想裡還有一個重要的主張，那就是「即身成佛論」，這在前面已提及之文獻《法華秀句．卷下》的「即身成佛化導勝八」中有過論述。最澄曾讀到《菩提心論》一書，此書論及了由修持密教而即身成佛的義理。但是，最澄則採用《法華經．提婆達多品》中所說的龍女成佛為依據，以主張天台法華宗之即身成佛論，並且是依據智者大師與湛然的解釋為前提而展開論述。

其實，中國天台宗對於「龍女成佛」的解釋，乃是一項十分費解的論題，而最澄也未對智者大師與湛然的教理進行很精密的解析。這裡的論述，可說是出自最澄獨自的著眼點及解說，這便成為了日本天台宗所獨具之「即身成佛」思想的理論端緒。

最澄依據〈提婆達多品〉的經文，顯揚了本屬於畜生道、而且是年僅八歲之龍女，憑著《法華經》的神力而成佛的理論。其文曰：

當知，此文明難成趣，顯經力用。六趣之中，是畜生趣，明不善報；男女之中，是則女身，明不善機；長幼之中，是則少女，明不久修。雖然，妙法華甚深微妙力，具得二嚴（註三）用。明知，法華力用，諸經中寶，世所希有。

文中強調，像龍女如此下劣的機根，憑藉《法華經》的力量也能即身成佛；當然，也可以從龍女成佛的事跡，反過來說明龍女實際上是有著十分好的成佛根機。由此可從權、實的觀點以及過去世的修行（宿善）來討論應該如何加以詮釋的重要問題；當然，這是極為複雜多歧的。最澄則極力讚歎《法華經》經力之不可思議。

最澄關於權、實的討論中曾採「有人說」的解答形式來展開議論，很簡略地論述道：「有人會云，是此權化，實凡不成。難云：權是引實，實凡不成佛，權化無用，經力令沒。」意即，即便是權宜之教，因權教可以引出實教之說，故而在理論上不存在問題。權、實之稱，在日本天台的論說中基於所謂「龍女權實」的命題，有著「實者—權者」、「實得、權巧」之議論；不過，最澄當時的論理階段相對而言還沒有如此複雜。

在智者大師的學說中，龍女成佛是處在圓教的初住位，在六即中屬於分真即（分證即），最澄也蹈襲祖述；但是，最澄則是將「即身成佛」依根器而區分為「一生」乃至「三生成佛」。關於這個問題可參考下文論述：

能化龍女，無歷劫行；所化眾生，無歷劫行。能化、所化，俱無歷劫；妙法經力，即身成佛。上品利根，一生成佛；中品利根，二生成佛；下品利根，三生成佛。見普賢菩薩，入菩薩正位，得旋陀羅尼，是則分真證。

對於歷劫成佛的問題，「即身成佛」與「一生成佛」的說法，乃是不可回避的論題。最澄則確立了上述的所謂：「上品利根，則一生成佛；中品利根，則二生成佛；下品利根，則三生成佛」的教理。實際上，關於隔生成佛是不是可以視為即身成佛是有問題的；這個難題，就可能會導致「即身成佛」與「歷劫成佛」成為相互對立的思想主張。如果導入了「速疾成佛」的概念，或可形成一種予以融通解釋的理論。

至於三生說的問題，也許是活用了南嶽慧思所說之極遲緩的三生之說。即慧思在《法華經安樂行義》中說道：「極大遲者，三生即得」，很有可能是最澄根據湛然在《法華文句記・卷八之一》以及《止觀輔行傳弘決・卷四之二》所援用的記述後加以再詮釋。不過，那不是指六即的分真即（分證即），而是到達分真即前之相似即的論述。

總而言之，即身成佛的真意究竟應該如何詮釋，才是根本性的關鍵問題。特別是「即身」一詞，是意味著憑著現生身、或者是說並不必要捨卻現生身便可得到新受之身（法身）而成佛，此乃一種固有的基本說法。如此所論述的不捨、不受身體的解說，實是天台「初住成佛」中極為重大的問題。因為，初住位是得到無生法忍的位階；而得到無生法忍的前提，應該是捨去生身而獲得法身，這是固有的佛法教義。

於此，關於「捨」的意義展開了諸般解釋，而形成了日本天台的獨特即身成佛論。關於這個問題，最澄的論述，可說成為了以後日本天台的出發點，從自身的觀點展開了日本天台即身成佛義的端緒。具體可見下文所述：

有人云：變成男子者，未免取捨。今謂，法性取捨，法性緣起，常差別故；法性同體，法性平等，常平等故。常平等故，不出法界；常差別故，不礙取捨。

特別強調初住位可生身不捨、生身即法身之觀點與立場的人，是後來的圓仁，此教義又為安然所繼承。在最澄的階段，先只是以自己的獨特觀點來展開議論，即針對有人所說的龍女變成男子、在身體的取捨上不可避免時，最澄則以自己的見解加以回覆而已。龍女成佛而變成男子時，必先捨生身而後得法身之二重教義，甚是複雜；至於變成男子的問題，不僅涉及女根變化成男根之捨、不捨的觀念；最澄針對變成男子的問題，則是用了「常平等、常差別」之名言巧妙地論述了身體取捨之含義。

當然，最澄於此所說的「常平等、常差別」，意在說明取捨二義是可以同時存在的見解。因為「常平等」，所以可理解為不出法界之內；又因為「常差別」，則說明了也並不妨礙取捨之義。最澄在此問題上沒有作出比較明朗的解釋，是依據了南嶽慧思所撰之《大乘止觀法門》的主張。在《大乘止觀法門・卷一》有如下之論說：

常平等故，心、佛及眾生，是三無差別。常差別故，流轉五道，說名眾生；反（異本「汲」）流盡源，說名為佛。以有此平等義故，無佛、無眾生；為（有）此緣起差別義故，眾生須修道。

這裡所說的「常平等」是指絕對的境界，乃是依據六十卷本《華嚴經》中所說「心、佛及眾生，是三無差別」的偈語來加以說明，此處論述了佛、眾生本來就不存在相對性。不過，這裡應注意的是，並不是主張一切都是佛世界，而是從佛的立場來否定相對存在的世界。接著說的「常差別」，則是說明了佛與眾生之差別卻是歷然常存的道理。

這樣的思考方式，應留意的是強調了在現實中並非是「常平等」的觀點。最澄的即身成佛論，根據《法華經》的成佛思想，對之後的日本天台起了指標性的作用。不過，關於即身成佛的問題，可以從各種教義來展開解明，因此後繼者們在各自的研究，又出現了諸般不同的見解，也是不足為怪的必然趨勢。

關於常平等、常差別的問題，還必須涉及一個事例。即在《守護國界章・卷中之下》裡，關於佛身，有一幕最澄向德一論述常平等、常差別的場面。在天台學中，屢屢強調三身一體的重要性，最澄在與德一展開辯論時，主張佛法有堅持常平等、常差別兩義的必要性與重要意義，這是在對德一之「三違自宗失者，彼自立圓教，云一即一切、一切即一；爾則，歎釋迦即是歎諸佛，何勞別歎？」進行批判時的駁論，其文曰：

> 第三違自宗失者，此亦不爾。麁食者，一礙一無礙故，執同體邊，遮異體邊。汝今當知，異體之故，十方三世，各各不同；同體之故，一大法身，都無差別。一即一切故，常差別立；一切即一故，常平等存。所送違宗失，麁食者，未了一即一切義耳。

最澄在這裡是要指出，德一所主張的諸佛同體，乃為偏執一邊的謬論。最澄認為，正是因為一即一切故，方能成立常差別之義；也因為一切即一故，而能成立常平等之義。兩義同時成立的理論是最澄的著眼處。此論點也與《大乘止觀法門》有關，在《大乘止觀法門・卷四》中有如下的問答：

問曰：諸佛既離我執，云何得有十方三世（諸）佛別也？

答曰：若離我執證得心體平等之時，實無十方三世之異；但本在因地未離（我）執時，各別發願，各修淨土，各化眾生。如是等業差別不同，熏於淨心；心性依別熏之力故，現此十方三世諸佛依、正二報相別。非謂真如之體有此差別之相，以是義故，一切諸佛常同、常別，古今法爾。

文中應引人注目的是「一切諸佛常同、常別」之文句；常同即常平等、常別即常差別之義，最澄一定是特別關注到了這一段論述。

圓珍比較明確地將《大乘止觀法門》視為慧思撰述的著作；不過，最澄的論述中並沒有提及《大乘止觀法門》這一書名，究竟產生了多大影響因此難以估量。但是，仍不可忽視，在最澄的論述中，確實揀擇了此書的相關教義，並對此進行了極為重要的詮釋。對於最澄而言，常平等、常差別涉及成佛時身體的捨、不捨的關鍵問題；此外，關於諸佛同異的問題，亦充分顯揚此兩義性的觀點，以及由此明確地表明了自宗的教義。

此外，最澄主張將法相宗判釋在天台（化法）四教中的第二教，即「藏、通、別、圓」中的「通教」。在其《法華秀句．卷中》裡記云：「夫瑜伽論者，通三乘教。」這顯然與中國天台六祖荊溪湛然將法相（唯識）宗判為「別教」相迥異。湛然於《法華文句記．卷二》論道：「唯知唯識等文，但明別位。」由此可知，湛然將法相宗判為別教之位。

關於這個問題，因篇幅有限，不於此詳加探究。後來的安然，則用「名別、義通」的觀點來加以解釋，藉以融通最澄與湛然的不同主張。

【註釋】

註一：《涅槃經．三十三》：「善星比丘雖復讀誦十二部經獲得四禪，乃至不解一偈一句一字之義，親近惡友，退失四禪。失四禪已，生惡邪見。作如是言：無佛無法，無有涅槃。……善星比丘遙見如來，見已，即生惡邪之心；以惡心故，生身陷入墮阿鼻地獄。」

註二：「受職事」意指密教的傳法。

註三：「二嚴」意指智慧莊嚴與福德莊嚴。

第六章　大乘戒獨立・最澄圓寂

《仁王經》百僧，必假般若力；《請雨經》八德，亦屈大乘戒。國寶、國利，非菩薩誰？佛道稱菩薩，俗道號君子；其戒廣大，真俗一貫……

天台法華宗年分學生式（六條式）

所謂「大乘戒獨立」，不能只說是大乘戒壇獨立，也不是說最澄的目的是建立戒壇院；而是將大乘戒作為獨立戒法流布，這才是最澄想實現的目標。當然，其結果自不待言，比叡山戒壇院建立一事，無疑成為日本佛教史上極具重要意義的一件大事。

弘仁九年（八一八），在日本佛教史上記錄了幾件比較重要的史實。首先是光定在《傳述一心戒文．卷上》中所記的二月七日發生之事，內容如下：

去弘仁九年二月七日，承先師命，為傳於宗，建大乘寺。弟子白：大乘寺無此間。今頓爾，何建一乘寺？先師命汝授一乘號。弟子白：未建大乘寺，彼間不承一乘號；建大乘寺，彼時將承一乘號。先師命，天竺有一向大乘寺、一向小乘寺、大小兼行寺者。弟子白：有此三寺者，將承所授一乘號，寺是則僧住所耳。先師授之以一乘定號，弟子承所授號畢。

如上未必是一段明快的文章，但從中可知，最澄於這一天給弟子光定授與了「一乘」之號，這可說是日本空前絕後的事；因為，號稱大乘寺，也可以說同時宣布了建立一乘寺的重大聲明。而且，引文中提到，在天竺就有一向大乘寺、一向小乘寺、大小兼行寺等，以此來作為論說的依據。關於這個問題，下文將作出相應的說明。

在《叡山大師傳》中記道，弘仁九年暮春，即三月中，記載了最澄向弟子們的開示：「自今以後，不受聲聞之利益，永乖小乘威儀。即自誓願棄捨二百五十戒已。」最澄在此宣示了捨棄印度傳統的小乘佛教所必具的威儀二百五十戒。

另在《傳述一心戒文．卷上》所記的是年四月二十三日，最澄向朝臣藤原冬嗣報告了建立大乘寺的意願，文中言及「且待須臾」之回覆內容。

此後，最澄於五月十三日寫就了「天台法華宗年分學生式」，向朝廷上奏。這份上奏文也稱為「六条（條）式」，顧名思義，是寫有六條項目的文書。雖然原文稍長，於此將此六條式的原文引用，此文書的最澄親筆墨跡猶保存至今。六條各以Ⅰ至Ⅵ表記，其文曰：

國寶何物？寶道心也；有道心人，名為國寶。故古人言：徑寸十枚，非是國寶；照千一隅，此則國寶。古哲又云：能言不能行，國之師也；能行不能言，國之用也；能行能言，國之寶也。三品之內，唯不能言不能行，為國之賊。乃有道心佛子，西稱菩薩，東號君子，惡事向己，好事與他，忘己利他，慈悲之極。釋教之中，出家二類，一小乘類，二大乘類；道心佛子，即此斯類。今我東州，但有小像，未有大類；大道未弘，大人難興。誠願：先帝（註一）御願，天台年分，永為大類，為菩薩僧。然則枳王夢猴，九位列落（註二）；覺母五駕，後三增數（註三）。斯心斯願，不忘汲海；利今利後，歷劫無窮。

年分度者二人　柏原先帝新加天台法華宗傳法者

Ⅰ凡法華宗天台年分，自弘仁九年，永期于後際，以為大乘類。不除其籍名，賜加佛子號授圓十善戒，為菩薩沙彌，其度緣請官印。

Ⅱ凡大乘類者，即得度年，授佛子戒，為菩薩僧，其戒牒請官印。受大戒已，令住叡山，一十二年，不出山門，修學兩業。

Ⅲ凡止觀業者，年年每日，長轉長講《法華》、《金光》、《仁王》、《守護》、諸大乘等護國衆經。

Ⅳ凡遮那業者，歲歲每日，長念《遮那》、《孔雀》、《不空》、《佛頂》、諸真言等護國真言。

Ⅴ凡兩業學生，一十二年，所修所學，隨業任用。能行能言，常住山中，為衆之首，為國之寶；能言不行，為國之師；能行不言，為國之用。

Ⅵ凡國師、國用，依官符旨，差任傳法，及國講師。其國講師，一任之內，每年安居法服施料，即便收納當國官舍、國司、郡司相對檢校，將用國裡，修池修溝，耕荒埋崩，造橋造船，殖樹殖紵，蒔麻蒔草，穿井引水，利國利人。講經修心，不用農商。然則，道心之人，天下相續；君子之道，永代不斷。

右六條式，依慈悲門，有情導大，佛法世久，國家永固，佛種不斷。不任悽悽之至，奉圓宗式。謹請天裁，謹言。

弘仁九年五月十三日　　前入唐求法

沙門最澄

此六條式與後面要敘述的八條式、即「勸獎天台宗年分學生式」，以及四條式、即「天台法華宗年分度者回小向大式」，皆統稱為「山家學生式」。

首先，在六條式中，在具體的六條正文前有相當於序言的文句，文中有「照千一隅」一句特別引人注目，而且一直不斷地被後人論究。日本天台宗現在正展開著「一隅を照らす運動」（照于一隅運動），這當然是援用了最澄的言語；然而，卻將「照千一隅」中的「千」字改讀成「于」了，即為「照于一隅」，並將之認為是正確的讀解。

但是，最澄明明寫著「千」字；而且，最澄將「照千一隅」者定義為國寶，此原據也明明白白。最澄所依據的是《史記》中的文句，這在湛然撰述的《止觀輔行傳弘決》中也寫得十分清楚。

《止觀輔行傳弘決》中寫道，在國寶中有「照千里」與「守一隅」二義，這乃是一目瞭然之文句。論究「照千一隅」為正確的研究者雖眾；不過，在主張「照千一隅」的學者中，卻有對此四字之意義都不甚通達的；而且，還於此舉出了未知是何人所造、意義也不甚明了的天台用語「超八醍醐」一語作為類似的用例來解釋。因此，「照千一隅」的讀法雖然正確，但在解釋上只能說是不完全的。

最近，筆者認為，對最澄所寫的「照千一隅」文句之讀法當然已經不成問題；但是，筆者認為「照千一隅」之語大可不必用特殊的讀解去理會，但用一般的讀解就可以領會了。以下是筆者所論，至今尚未有人予以討論的內容，亦即運用日本對漢文的訓讀、或稱為「書き下し文」（古典漢文的日文分解讀法）

來解析。

這個問題若欲說明白，或可舉《涅槃經》中的「置毒乳中」一語，即讀為「毒を乳中に置く」（置毒於乳中）為例。其他如漢文古典文獻中所載「習禮大樹下」、「出孔子東門」等文句，當讀為「禮を大樹の下に習う」（習禮於大樹下）、「孔子を東門より出す」（出孔子於東門），這樣的文例不勝枚舉。而「照千一隅」的讀法就可以依此類推，即是「照千里」與「守一隅」之二意的縮寫，故可讀為「千を一隅に照らす」（照千〔里〕於一隅），即意為「一隅にいながら千里を照らす」（居於一隅而照之千里）。而這裡所指的「一隅」，無疑是指比叡山了。

而前文中「能行能言」為國寶的文句，在上面六條式的第五條中的涵義是：能行能言者，乃為國之寶；常住於山中，以統領大眾。很顯然，這才是最澄的真意所在；總而言之，就是堅守比叡山一隅、而照之千里之意。這是最澄用「照千一隅」一語，將中國古典「照千里，守一隅」之文句以及意義轉用於佛法之中。但是，目前的狀況是，學人們未必將此「千を一隅に照らす」（照千一隅）的讀解理解清楚，不免令人感到有些不可思議了。

關於此事，在前文已述的《叡山大師傳》可見，即於弘仁九年三月棄捨小乘戒之條目中所記：

以九年暮春，大師告諸弟子等言：我尋法華圓宗之元由者，初始靈鷲，次大蘇，然後天台，並皆於山說聽，修學解悟矣。是故我宗之學生，初修之頃，當為國為家，山修山學，利益有情，興隆佛法。

於中所記可通上文所說，此中之「山」，即指此叡山，即於叡山中修學，以利益眾生。

正如前文所述：「惡事向己，好事與他，忘己利他，慈悲之極」那般，最澄所宣揚的菩薩利他行是極為崇高的理念，這也成為最澄千古不朽的名言。

在第一條中有「圓十善戒」之語，雖然不能完全確定其意涵，但最澄常依據《梵網經》中的十重戒來加以解說；而得以受持「圓十善戒」者，則可成為菩薩沙彌。

在第二條中有「佛子戒」之語，這是泛指《梵網經》中所說的十重、四十八輕戒的所有戒法。只有受了梵網戒，才能成為止觀業或遮那業的學僧，再於比叡山中修學十二年，方完成道業。

在第三條和第四條中，皆指出無論是修止觀業，還是修遮那業，都必須具有護國的思想以及力行的義務。修持止觀業者，必須修持並長轉常講《法華經》、《金光明經（最勝王經）》、《仁王般若經》（以上三部即護國三部經），以及《守護經》（全稱《守護國界主陀羅尼經》）。而修習遮那業者，規定必須長念《大日經》（全稱《大毘盧遮那成佛神變加持經》）、《孔雀經》（全稱《佛母大金曜孔雀明王經》）、《不空羂索神變真言經》、《佛頂尊勝陀羅尼經》等密教經典，作為護國的真言。

在第五條中，即如上所言，最澄敘述了如何方可稱為國寶的內容以及定義。

即所謂能行能言者，則為國之寶，常住比叡山中；能言不行者，則為國之師；能行不言者，則為國之用。如上所制規定，是根據湛然《止觀輔行傳弘決·卷五之一》中的相關記述。

在第六條中，也作了國之師、國之用等定義的相關敘述，即是指能不離比叡山、為國家盡心盡力的人材。而作為國之講師者，每年安居中所得的法服等供養等，應納入國家官舍機關，用來作為各種社會活動所用。講解經典、專意修心乃為機要，而反對從事農耕以及商業等活動。

最澄在五月十三日發布六條式之後，接著於五月十五日頒布了「得業學生式」（「比叡山天台法華院得業學生式」）。這可說是在成為國家年分度者以前，所制訂的認定學業完成之學僧的內規：規定年齡在十五歲以上、有道心的少年學僧，以及二十五歲以下有信心的學僧，分別為止觀得業學生九人、遮那得業學生九人；而且，在此記載了《守護經》與《大日經》等一樣是必讀的經典。

另在五月二十一日，有記載名為〈請先帝御願天台年分度者隨法華經為菩薩出家表一首〉（也稱「請菩薩出家表」）、最澄啓奏朝廷的上表文；這是與六條式成為一套的文書，現存最澄的親筆墨跡。文中寫道：「伏望：自今以後，天台年分，每年季春三月十七日，差勅使一人，奉為登天尊靈，於比叡山院。依大乘得度，宗式如別。」由此可知，每年在桓武天皇忌日的三月十七日，便懇請派遣勅使到比叡山，希望朝廷認可作為大乘的得度僧。

但是，這六條式卻被當時的僧綱拒絕。此事記載於《傳述一心戒文・卷上》，其文曰：「五月十七日，先師傳宗之札遣，良峰右大辨上書則云：護命法師等云大乘寺，無天竺，亦無大唐，亦無此間。」

由此可見，護命等南都僧綱以及諸法師，對最澄所主張的大乘寺之存在，因為印度和中國以及日本未嘗有過，而予以嚴辭否決。而這裡所說的「傳宗之札」，雖然意義不甚明了，但應該是指上表的六條式中的相關內容。而這與良峰（岑）右大辨（良岑安世）的相關記錄，則是比較重要的內容之一。

勸獎天台宗年分學生式（八條式）

最澄在寫了六條式之後三個月的八月二十七日，又撰寫了「勸獎天台宗年分學生式」，即一般稱之為「八條式」。最初的三條是關於選出年分度者揀擇前之完成學業學僧的條文，第四條則包括了國家年分得度前與得度後的學僧。雖然內容稍長，為了進一步了解，茲將Ⅰ至Ⅷ附上，全文示之如下：

Ⅰ 凡天台宗得業學生，數定一十二人者，六年為期。一年闕二人，即可補二人。其試得業生者，天台宗學眾，俱集會學堂，試《法華》、《金光明》二部經訓。若得其第，具注籍名，試業之日，申送官。若六年成業，預試業例；若不成業，不預試業例。若有退闕，具注退者名，并應補者名，申替官。

Ⅱ 凡得業學生等衣食，各須私物。若心才如法，骨法成就，但衣食不具，施此院狀，行檀九方，充行其人。

Ⅲ 凡得業學生，心性違法，眾制不順，申送官，依式取替。

Ⅳ 凡此宗得業者，得度年，即令受大戒。受大戒竟，一十二年，不出山門，令勤修學。初六年，聞慧為正，思、修為傍。一日之中，二分內學，一分外學。長講為行，法施為業。後六年，思、修為正，聞慧為傍。止觀業，具令修習四種三昧；遮那業，具令修習三部念誦。

Ⅴ 凡比叡山，一乘止觀院，天台宗學生等年分，并自進者，不除本寺名帳。便入近江有食諸寺，令送供料。但冬夏法服，依大乘法，行檀諸方，蔽有待身，令業不退。而今而後，固為常例。艸（草）菴為房，竹葉為座，輕生重法，令久住，守護國家。

Ⅵ 凡有他宗年分之外，得度受具者，自進欲住山十二年，修學兩業者，具注本寺，并師主名，明取山院狀，須安置官司。固經一十二年竟，準此宗年分者，例賜法師位。若闕式法，退卻本寺。

Ⅶ 凡住山學生，固經一十二年，依式修學，慰賜大法師位。若雖其業不具，固不出山室，經一十二年，慰賜法師位。若此宗者，不順宗式，不住山院，或雖住山，屢煩眾法，年數不足，永貫除官司天台宗名，本寺退卻。

Ⅷ 凡此天台宗院，差俗別當兩人，結番令加檢校，兼令禁盜賊、酒、女等，住持佛法，守護國家。

以前八條式，為住持佛法，利益國家，接引群生，後生進善。謹請天裁，謹言。

弘仁九年八月二十七日

前入唐求法沙門最澄　上

上述第一條，將「得業學生式」（「比叡山天台法華院得業學生式」）中，對於得業學生人數有所變更，即將原本止觀得業學生九人、遮那得業學生九人，改為十二名學生。而六年的修學期限，是對止觀、遮那各六人作為年分度者的候補生規定內容。考試的科目是《法華經》和《金光明經》的訓讀與理解，而且於此附上了關於補闕的處理方法。

在第二條中規定，得業學生的衣食原則上必須自費自理；不過，如果是德才兼優的人材、而在修學中有衣食之憂者，可以藉由信眾布施來得到幫助和補足。

在第三條中，是關於處置不能堪忍學習與修行之得業學生的條例，規定可以用新學生來加以替換之。

在第四條中，規定得業者在得度之年必須受大戒。而稱為年分度者，必須在十二年間，堅持在比叡山內修學的具體內容。十二年的前半段時間，是以修學聞慧為正務、思慧與修慧為傍業，還可以學習一些佛教以外的學問。並制定行持、長講經典、以法施為正業等規定。後半段的六年間，則以思慧與修慧為正務、聞慧為傍務。並規定，修止觀業者，必須修習四種三昧，修遮那業者則必須修習三部念誦，作為學生（僧）必須履行之義務。所謂「四種三昧」，亦即智者大師《摩訶止觀》中所說的常坐三昧、常行三昧、半行半坐三昧、非行非坐三昧。而所謂「三部念誦」，無疑是指以《大日經》為依據的胎藏界的佛部、蓮華部、金剛部三部的真言。這裡的第四條規定，相較於以前的內容詳細了許多。

在第五條中，是關於天台宗年分度者，自己希望在比叡山修學的生活規則與條例；即規定，不再除卻本寺僧名名簿，由近江國有食封的寺院來提供他們的生活所需。然而，關於接受冬夏的法服等，規定必須依照大乘法而行持布施之法，以繼續在山內修行；而且，必須過著以草庵為房、竹葉當座的清寒生活，以守護國家為己任。

在第六條中，是關於除他宗年分度者之外的得度、受戒者，自己發心參與十二年的止觀、遮那兩業修行之學僧的相關規定。內容是必須明確記載本寺以及師主名字，從比叡山一乘止觀院了取得認定文書資料，送官司加以存檔；經過十二年修學者，便按天台宗年分度者的相關規定，授予法師位。但是，如果與法式規定有違，則退回本寺。

在第七條中，規定在十二年間，按比叡山的法式而完滿修學者，可以申請賜大法師位；即便在修學上尚有不足，但是完成十二年學習者，也可以請求賜法師位。除此之外者，則除去其檔案資料，退回本寺處理。

在第八條中，規定希望可以派遣俗人的別當二人，任命從事監督業務，並規定必須禁防盜賊、嚴格禁止酒以及女人的犯戒行為。以維護住持佛法、守護國家所必須嚴守的規範。

以上是最澄所制定的八條式之內容。在《傳述一心戒文》中，沒有發現曾向朝廷上奏以上八條式的相關記錄；因此，對於當時比叡山內外的動向難以了知。但是，由此可以對最澄的構想以及綿密的規畫等，有更為深刻的了解與認識。

從《傳述一心戒文・卷上》的記錄可知，到了翌年，即關於弘仁十年（八一九）三月三日和三月二十一日記事內容中，有相應附記的部分內容。首先審視三月三日的內容。

三月三日，最澄為了使光定建立大乘戒，讓光定去謁見護命，特令其親往護命的野寺（常住寺）求見，以請求護命在文書上簽字；但是，光定則認為，傳大乘戒成或不成的決定，取決於天子的聖斷，並不取決於護命的許可與否，所以對最澄說，即便不去請求護命的簽名也無妨。然而，面對為了佛法不惜身命的最澄，光定便又建議，是否可以先去徵求良岑右大辨對這個問題的意見？於是，最澄回答，這件事就由光定自己作主辦理即可。

其後，在記錄中記載，於二十一日，光定去參見了良岑右大辨。不過，二十一日這個日期，應該是「天台法華宗年分度者回小向大式」、即四條式上奏後之時間了；因此，記錄上的日子與事實不免出現了不相一致的問題。一般來說，都將此改正為二十一日之前。現存的《傳述一心戒文》並非善本，誤寫的可能性很大。

不論如何，這裡的二十一日，也許是光定去參見良岑右大辨，呈上「此書」讓良岑右大辨審閱；因此，這封文書沒有送往護命那裡。這裡所表記的「此書」不是四條式，可以推想是送交予護命的一封書信，也許比較妥切。

然而，良岑右大辨在看了文書後卻回覆說：「傳戒之事，在於天子，待有勅時耳。」如此來看，如按此記錄，可以推測這是在四條式上奏時，或者是上奏之後，稍過一些時期後所發生的事情了。而且，在《傳述一心戒文》中記述，在此之後，最澄向護命寫信云：「比叡山小釋最澄，稽首和南元興大僧都足下。為濟國家，回小向大式，請署狀。」儘管如此，最澄的這封書信實際上並沒有送到護命手中。

接著來介紹一下四條式的內容：

天台法華宗年分度者回小向大式

合肆條

Ⅰ凡佛寺有三

一者、一向大乘寺　初修業菩薩僧所住寺

二者、一向小乘寺　一向小乘律師所住寺

三者、大小兼行寺　久修業菩薩僧所住寺

今天台法華宗年分學生，并回心向大初修業者，一十二年，令住深山四種三昧院，得業以後，利他之故，假受小律儀，許假住兼行寺。

Ⅱ凡佛寺上座，置大小二座。

一者，一向大乘寺　置文殊師利菩薩，以為上座。

二者，一向小乘寺　置賓頭盧和尚，(註四)以為上座。

三者，大小兼行寺　置文殊與賓頭盧兩上座。小乘布薩日，賓頭盧為上座，坐小乘次第；大乘布薩日，文殊為上座，坐大乘次第。此次第坐，此間未行也。

Ⅲ 凡佛戒有二

一者，大乘大僧戒　制十重四十八輕戒，以為大僧戒。

二者，小乘大僧戒　制二百五十等戒，以為大僧戒。

Ⅳ 凡佛受戒有二

一者，大乘戒

依《普賢經》，請三師證等。

請釋迦牟尼佛，為菩薩戒和上。

請文殊師利菩薩，為菩薩戒羯磨阿闍梨。

請彌勒菩薩，為菩薩戒教授阿闍梨。

請十方一切諸佛，為菩薩戒證師。

請十方一切〔諸〕菩薩，為同學等侶。

請現前一傳戒師，以為現前師。若無傳戒師，千里內請。若千里內無能授戒者，至心懺悔，必得好相，於佛像前，自誓受戒。

今天台年分學生，并回心向大初修業者，授所說大乘戒，將為大僧。

二者，小乘戒。

依小乘律，師請現前十師，白四羯磨。請清淨持律大德十人，為三師七證。

若闕一人，不得戒。

今天台年分學生，并回心向大初修業者，不許受此戒，除其久修業。

竊以，菩薩國寶，載《法華經》，大乘利他，摩訶衍說。彌天七難，（註五）非大乘經，何以為除？未然大災，非菩薩僧，豈得冥滅？利他之德，大悲之力，諸佛所稱，人天歡喜。《仁王經》百僧，（註六）必假般若力；《請雨經》八德，（註七）亦屈大乘戒。國寶、國利，非菩薩誰？佛道稱菩薩，俗道號君子。

其戒廣大，真俗一貫，故《法華經》列二種菩薩。文殊師利菩薩、彌勒菩薩等，皆出家菩薩；跋陀婆羅等五百菩薩，皆是在家菩薩。《法華經》中具列二種人，以為一類眾，不入比丘類，以為其大類。今此菩薩類，此間未顯傳。伏乞陛下：自維弘仁年，新建此大道，傳流大乘戒，利益。而今而後，固鏤大鐘腹，遠傳塵劫後。仍奉宗式，謹請天裁。謹言

弘仁十年三月十五日　　前入唐天台法華宗沙門最澄　上

後面還言及，光定在弘仁十年三月十五日，將四條式以及「請立大乘戒表」送到金殿上奏聖上。上面所述四條式的內容，是關於寺院與戒律的事項；最澄在此十分明確地展現了其想法，即開宗明義地表明天台法華宗的年分度者抱有回小向大的崇高理念，這四條即充分體現了最澄對建立大乘寺和大乘戒的偉大、高遠之理想。

在第一條中，關於佛寺主張有一向大乘寺、一向小乘寺、大小兼行寺三種

寺院；而其中的一向大乘寺是指比叡山，天台法華宗的年分學生以及回心向大的初修業菩薩僧必須在此山中的四種三昧院修習十二年。十二年修畢的得業者，假受小乘的律義，許可在大小兼行寺住下。關於三種寺院的說法，最澄在《顯戒論．卷上》的第二篇第一中有予以詳述。於此，最澄所注目的文獻是玄奘的《大唐西域記》與義淨的《南海寄歸內法傳》。

在第二條中，談到佛寺上座中可安置大小二座：一向大乘寺供文殊師利菩薩，一向小乘寺供賓頭盧尊者，大小兼行寺則將二者皆供奉於上座；大小兼行寺分別進行大乘、小乘的布薩。這些於《顯戒論．卷中》都有論及。特別是關於在一向大乘寺中安奉文殊菩薩之事，有說明是依據《不空表製集》（《代宗朝贈司空大辨正廣智三藏和上表製集》）中所說的天下之寺食堂中皆供奉文殊於上座，以此作為重要之根據。《不空表製集》是最澄向空海借閱過的書籍之一。

在第三條中，舉出佛戒有二種。《梵網經》中所說的十重、四十八輕戒作為大乘的大僧戒，而《四分律》中所說的二百五十戒等則為小乘的大僧戒。當然，這無疑是繼承佛教傳統的說法。

在第四條中，是關於大乘與小乘受戒的內容。日本佛教的授戒儀軌，是鑑真東渡來日後才有了正式的具足戒（二百五十戒）授與；具足三師七證授戒作法，成為一般所通曉的常識。至於最澄的主張，卻是比較特殊的內容。

所謂三師，即是指得戒和尚、羯磨師（羯磨阿闍梨）、教授師（教授阿闍梨）；最澄卻主張，大乘受戒可請釋迦牟尼佛、文殊師利菩薩、彌勒菩薩作為三師，作為七證諸師則可恭請十方一切諸佛來作為得戒之證明。換言之，現前的十師顯然就沒有必要了，傳戒師只要有一人作為現前之師即可。甚至於，如果千里之內亦無法尋得一傳戒之師的話，就自行至心懺悔，能得佛之好相即是得戒之證；也就是說，佛子可以自己在佛像前自誓受戒。

在四條的後面，最澄論述，如果不依持大乘經，則不能消除七難之苦；如果不成為菩薩僧，則無法提防未然之災障。還開示說，大乘戒乃是真俗一貫之戒，而所謂菩薩則有出家和在家二種菩薩；因菩薩戒是通戒，所以可做為二種菩薩之戒律。

最澄在提出四條式的同一天，將上表文「請立大乘戒表」上奏了朝廷。此上表文的內容，可以在《傳述一心戒文．卷中》以及《叡山大師傳》得以確認。以下再對此略作重新說明。例如，文殊師利與賓頭盧的上座供奉之處為異別；一師與十師的受戒，在羯磨（梵語 karma 之音譯，意為「業」，或指作法、行為等）上與傳統完全相異；或者，於桓武天皇忌日之三月十七日出家的喚作菩薩沙彌；還有，如授受大乘菩薩戒則可以稱為菩薩僧等事項，均有記述。

據《傳述一心戒文．卷上》記載可知，三月十五日，光定奉最澄之命，將《稱讚大乘功德經》一卷、《說妙法決定業障經》一卷、《大方廣師子吼經》一卷，即所謂國忌（帝、后之忌日）大乘三部經典與四條式送往宮中。其後，因為沒有任何回音，光定不由得心生鬱結。到了十七日傍晚，依舊不見有勅答下來；於是，他透過藤原冬嗣向嵯峨天皇詢問天裁如何。

天皇對此回答，如果僧綱等認為有道理的話，就作許可的判定；如果認為沒有道理，那就不准予許可。然後。將四條式的表文交給玄番寮頭的真苑宿禰雜物（玉作雜物），雜物奉承宣旨後去護命處宣讀；僧綱等將之轉呈七大寺，以徵求各自的見解。在《傳述一心戒文》中記道，七大寺的大法師等認為，本無什麼一乘戒，菩薩僧亦無，最澄的奏狀實無道理。各自的回奏狀之後送上金殿，由真苑雜物呈予天皇過目。

又據《傳述一心戒文．卷中》所記，三月二十日光定遵奉最澄之命，前往護命之處。正如文中所說「為濟國家，迴小向大式，請署狀於護命僧都。」是請求護命在文書上給予署名簽字。前記三月二十一日的記事的問題，於此得以明確。護命對此回答：「大唐無菩薩僧，亦無別受菩薩僧，有通受菩薩。」總之，護命認為，在大唐國從來沒有最澄所說的菩薩僧，所以也未曾有別受菩薩僧，惟有大小通受菩薩。

於是，最澄的主張沒有得到認可，就這樣被否決了。沒過多久，各類書狀也隨後由右大辨良岑安世將七大寺法師等的答覆送回最澄那裡。右大辨在說明事由時言道，四條式之文是護命等賜予，而非七大寺的法師等所賜下。其後，護命等寫好了表以及啟詞，連同七大寺法師等的奏狀一起奉呈天皇御覽。

最澄在光定以及藤原是男的幫助之下，後來見到了上述相關的上奏文書。弘仁十年（八一九），最澄撰寫了《顯戒論》。最澄入手的有二類「上顯戒論表」，所記日期是十月二十七日。南都諸寺的奏狀文書，應該是後來與在弘仁十二年（八二一）三月由史記官上呈的《顯戒論緣起．卷下》一起收錄進來；不過，同書卷下僅留下目錄而已。

在這目錄之中，記載了除了法隆寺之外，還有西大寺、東大寺、大安寺、藥師寺、山階寺（興福寺）、元興寺等南都六大寺的僧綱所進上的奏狀文牒。卷下的目錄中記載了〈南都東大寺進景深和上論一首〉；雖然是令人費解的表記，但景深很有可能即是著述《迷方示正論》的作者。

弘仁十一年（八二〇）二月二十九日，最澄將《顯戒論》三卷與前年十二月所撰的《內證佛法相承血脈譜》一卷，以「上顯戒論表」（再治）之奏文，奉呈朝廷以求審閱。在《顯戒論．卷上》「開雲顯月篇第一」中，日期為弘仁十年（八一九）五月十九日，有護命等僧綱上表文的相關記載。在《顯戒論》中，最澄的反論「重箴重彈」，將自己的主張適宜編入文中加以申辯。於此，僅將最澄的上表文示之如下：

大日本國六統表

沙門護命等謹言

僧最澄奉獻天台式并表奏不合教理事

沙門護命等聞，立式制民，必資國主；設教利生，良在法王。

非國主制，無以遵行；非法王教，無以信受。

故佛自制戒，非菩薩等。

佛在世時，弟子無諍。及至正、像，異見競起，遂令弱植之徒，隨偽辯以長迷；倒置之倫，遂邪說而永溺。

所以四依菩薩，造論會宗；三乘賢聖，順教述旨。

自有漢明帝永平三年，夢見金人以來，像教東流，靈瑞非一。

摩騰、法蘭，導聖旨於前，羅什、真諦，闡微言於後。玄奘、義淨，久經西域，

所聞所見，具傳漢地。

我日本國，志貴島宮御宇天皇，歲次戊午，百濟王，奉渡佛法。聖君敬崇，

至今不絕。

入唐學生，道照、道慈等，往逢明師，學行拔萃。天竺菩提（註八）、唐朝鑑

真等，感德歸化，傳通遺教。如是人等，德高於時，都無異議。而僧最澄，

未見唐都。只在邊州，即便還來，今私造式，輒以奉獻。其文淺漏，事理不詳。

非紊亂法門，兼復違令條。

誠須召對僧身，依教論定。

然則，玉石異貫，清濁分流。

敢以愚見，輕觸威嚴，伏增惶恐。謹言

弘仁十年五月十九日

大僧都傳燈大法師位　護命

少僧都傳燈大法師位　長慧

少僧都傳燈大法師位　在狹山池所

律師傳燈大法師位　施平

律師傳燈大法師位　豐安

律師傳燈大法師位　修圓

律師傳燈大法師位　泰演

正如上記所示，最澄在六人僧統（僧綱）上表文後，改行把《顯戒論》中的文句的一部分節取出來，對諸人的見解予以一一反駁；六統的第三人，是有名的勤操。就這樣，作為最澄的構想而直接表述的四條式，在僧綱們的否決下告終。不過，最澄為了申明自己的主張，撰述了《顯戒論》三卷，對六統表主張進行了針鋒相對的反論。

還有幾點要說明的是，最澄對於護命等所上六統表所論述的所謂「法王設教乃是為了利益眾生」的言論，以《梵網經》盧舍那佛乃為法王加以修正。而六統表中所言「佛自制戒」的見解，最澄則反論云五十八戒（十重、四十八輕戒）才是盧舍那佛親自制定之大戒。

最澄還針對六統表中所說「佛在世時，弟子們不起僧諍」的主張也加以反駁，並舉出提婆達多以及善星等分離僧團的具體事例。

關於佛教東流，論及中國和日本兩國，特別是提到了傳來的相關年號，這個問題是比較難以確定的。關於中國傳來佛法的時間，六統表中說是在漢明帝的永平三年（六〇）夢見金人作為根據，最澄則作出了反論。最澄認為，永平三年說是法琳的《破邪論》的說法；而《開元錄》（《開元釋教錄》）以及《貞元新定釋教目錄》（《貞元錄》）中則認為，漢帝夢見金人是在永平七年

（六四）。

此外，針對僧統們認為，日本的佛教傳布是志貴島宮御宇天皇（欽明天皇）的戊午（五三八）年由百濟王傳來佛法之見解，最澄則否定了依《元興寺伽藍緣起并流記資材帳》為準的五三八（戊午）年說，而主張應以《日本書紀》所載的時間為依據。

關於這個問題，在《元興寺伽藍緣起并流記資材帳》以及《上宮聖德法王帝說》中記載為欽明天皇戊午（五三八）年，而《日本書紀》則記載為壬申（五五二）年，歷來此二說並存。不過，以目前的種種論證而言，《日本書紀》之記述應該是不合史實的。最澄的「實錄」則比較尊重《日本書紀》之說。

另外，僧統們認為，傳來佛法的是日本入唐學生道照與道慈，或是天竺菩提僊那以及唐朝東渡歸化而來的鑑真。最澄則反駁，那個時代尚沒有文殊上座之制，應該推崇在此之前的鳩摩羅什與真諦。與日本同樣，大乘與小乘兩教雖然傳入了中國，但僧制的建立卻並沒有同時傳入。

針對僧統們所指出的，最澄入唐求法，未見唐都長安，但去了邊州而已；對此，最澄則力爭自己的相承具有正當性，即佛法正傳。其中申明了，後來日本中世所尊重的天台本覺思想中的口傳法門，即所謂「和上慈悲，一心三觀，傳於一言」——即是說道邃和上以慈悲心，演示一心三觀而傳於一言，在最澄的記述中歷歷可見。而且，最澄以由順曉傳法於鏡湖東嶽峰山道場而得兩部灌頂，以及得授種種法器為榮。最澄認為，從順曉處所受灌頂，雖然比起空海由惠果處所受之純然無雜的兩部灌頂，顯得有些不足；但是，自己後來通過與空海進行交流之後，對密教的理解已經有了更為深刻的體悟。

順曉授與最澄的密教，的確在胎金兩部中有些要素是混雜不清的。最澄的《內證佛法相承血脈譜．胎藏金剛兩曼荼羅相承師師血脈譜》中，記載了由順曉所傳授的胎藏與金剛兩界的種種密法。

在最澄所撰之《顯戒論》的篇首記載了歸敬偈，即起首四句為：

稽首十方常寂光，常住內證三身佛；

實報、方便、同居土，大悲示現大日尊。

這可以說是天台宗的佛身（三身）、佛土（四土）論的精髓語句；當然，具體的文意有些不清楚。關於大日尊的說法，並不是中國天台的用語；中國天台的根本教義只是將毘盧遮那佛作為圓教的教主，其所居土則為常寂光土。當然，將密教的大日如來置換為天台的毘盧遮那佛不是不可能。所謂「內證三身」，則是最澄自己所主張的觀點，即認為可以相通於「無作三身」（法、報、應三身皆為本有自爾之性佛）。這個問題，於此不予贅述。

最澄所撰的《顯戒論》的架構，先是目錄，然後進入本論的部分。在卷上是「開雲顯月篇第一」與「開顯三寺所有國篇第二」兩篇所構成。在第一篇裡，以前面也提過的僧綱上表文（大日本國六統表）、以及最澄所一一予以反論的內容為中心。在第二篇中，則明示了十三明據，引用了僧統們上奏文，援用諸文獻而展開了自己的主張與見解。

在「開顯三寺所有國篇第二」中，最澄將四條式的第一條裡所主張的寺院有一向大乘寺、一向小乘寺、大小兼行寺三種，特舉出玄奘的《大唐西域記》文句作為論據，然後開示了十三明據，其中也言及聖德太子（上宮）和行基菩薩。

《顯戒論・卷中》由「開顯文殊上座篇第三」與「開顯大乘大僧戒篇第四」、「開顯授大乘戒為大僧篇第五」所構成。但是，第三篇和第四篇之後，第五篇寫至一半便擱筆了。

第三篇以四條式的第二條為基調，論述了「文殊上座」的正當性。首先，指出不以文殊為上座，則無經文開端，對僧綱們進行了反駁，並從第十四至第十八開示了五明據。

第四篇為「開顯大乘大僧戒篇第四」，相當於四條式中第三條的內容。針對僧綱們所指出的大乘大僧戒的疑義，以《梵網經》所說十重、四十八輕戒為出家大僧戒，這在前面已經說過，在此不予重複。其後則是由第十九到第三十開示了十二明據，說明了菩薩僧以及大乘出家的重要意義所在。

在第五篇「開顯授大乘戒為大僧篇第五」中，最澄宣揚了四條式中第四條的內容，將上面陳述的二十八明據，以寬泛的意義作為觀點與主張加以展開。論述二十八明據的內容，第三十一至第四十二節收錄在《顯戒論・卷中》，第四十三至第五十八節則收錄在卷下。

若欲論《顯戒論》的特色，可以將第三十三明據「開示假名菩薩除災護國明據三十三」作為例子，最澄在此詳論了護國的理論。此中論說，能除諸災和守護國家不但是聖位菩薩，而且還有假名菩薩（凡位菩薩）；但是，對於五濁正災，諸佛也不能滅盡；而五濁邪災，即便假名亦能消除。關於護國，提到了遮那業與止觀業兩業；密教還有持念真言者，文中還出現了大悲胎藏業的用語。

此外，最澄較為尊重《諸法無行經》也為其特色之一。在「開示未入音聲法門犯障礙罪明據五十五」中引用了同經卷下的長文內容。此中談到菩薩比丘喜根與比丘法師勝意的故事：喜根對少欲知足等未加稱讚，而專說諸法實相的法義；而勝意則護持禁戒如護眼珠，卻為喜根所譏諷。其結果，勝意卻墮落地獄。喜根在偈文中開示：

貪欲是涅槃，恚、癡亦如是；如是三事中，有無量佛道。若有人分別，貪欲、瞋恚、癡，是人去佛道，譬如天與地。菩提與貪欲，是一而非二；皆入一法門，平等無有異。

在這段引文裡，喜根指出「貪、恚、癡」三毒即是涅槃，三毒之中蘊含著無量的佛道。這與「煩惱即菩提，生死即涅槃」的理論同樣，乃是大乘佛教的根本教理，也可以說是本覺思想的基本論述。針對僧綱們，最澄提示了此經的經文與主張。另外，對《諸法無行經》的相關議論，在最澄的《守護國界章・卷上之中》也可以看到；當然，這是涉及到與德一論爭的內容。

對於最澄的《顯戒論》，當最澄在世的時候，實際上並沒有得到世人的充分評價。若依《傳述一心戒文・卷上》所載，光定特到藤原是男的曹司（官衙），呈上《顯戒論》與《內證佛法相承血脈譜》。之後，藤原是男上奉嵯峨天皇御覽，天皇回答：若事成，留《論》於殿上；若事不成，則由光定持之，返送比叡山。換言之嵯峨天皇下達御旨：若有道理，則予以許可；若不在道，則不予許可。這與四條式上奏時的做法完全相同，只不過在文句的表達上略有差異而已。類似的內容可以參照《傳述一心戒文・卷中》予以確認。

在《傳述一心戒文．卷上》記述道：

顯戒之論，雖達殿上，歷於三年，而不成矣。先師之病，歷於數日，而不痊平。戒事不成，先師之病倍倍增之。

可見，在三年間，上面沒有任何許可的回覆；直到最澄臨終前，依舊音信全無。

最澄上奏《顯戒論》，是在弘仁十一年（八二〇），撰述年月不明的有《決權實論》一卷。而在弘仁十二年，最澄著有《法華秀句》三卷；這時，與德一的論辯還在繼續中。弘仁十二年三月《顯戒論緣起》二卷由史記官進上朝廷。關於大乘戒獨立之記錄，因為卷下現已不存的緣故，難以詳知其狀；不過，卷上記錄了最澄入唐時請來的諸多貴重文書，如前文所述。

不論如何，關於《顯戒論》可否的決定，以未見任何結果而不了了之。但是在弘仁十三年（八二二）二月十四日，天皇授予最澄以最高的僧位，即封賜傳燈大法師之位。《叡山大師傳》中記錄，嵯峨天皇親賜宸筆題字，其文曰：「又十三年二月十四日，勅施與傳燈大法師位。此實手詔宸筆，以為後代珍也。」這可說是日本佛教史上最初的大法師封號，堪可大書特書也。

天皇勅許．最澄圓寂

《傳述一心戒文》卷上以及卷中記載了弘仁十三年（八二二）三月十七日的重要事項。三月十七日正是桓武天皇國忌之日；這天，光定特地去參見嵯峨天皇；這是因為，此時正處最澄病篤彌留之際。最澄因為依舊未能夠完成桓武天皇的宿願，不免心存憂緒，耿耿於懷。

在天皇御座前，站著真苑雜物，手持一份將要上奏的文書，此奏文由站在真苑雜物東邊的藤原是男當著天皇的面琅琅宣讀後，恭恭敬敬地呈上尊前。文書上寫道：

自性清淨虛空不動戒，自性清淨虛空不動定，自性清淨虛空不動慧。

欲傳此戒，佛法在賢公之口，速疾達大皇而宛行之。（卷中）

然後，由光定確認這是最澄親筆所寫的奏章；文雖不長，此中懇請天皇能准奏大乘戒的授受。

此時的最澄已經自知在世之日無多，於是於弘仁十三年夏四月，向眾弟子傳達了臨終遺言。據《叡山大師傳》所記，此遺言內容如下：

我命不久存。

若我滅後，皆勿著（俗）服。亦，山中同法，依佛制戒，不得飲酒。若違此，不我同法；亦，不佛弟子。早速擯出，不得令踐山家界地。若為合藥，莫入山院。

又，女人輩，不得近寺側，何況院內清淨之地哉！

每日長講諸大乘經，慇懃精進，令法久住。為利國家，為度群生，努力！努力！

我同法等，四種三昧，勿為懈倦。

兼年月灌頂時節護摩，紹隆佛法，以答國恩。

但我鄭重，託生此間，習學一乘（即異版將「一乘」刊為「三學」），弘通一乘。若同心者，守道修道，相思相待。

最澄的遺言首先告誡弟子，在自己滅度之後，不能改穿俗服；在此可以理解為不要換穿喪服，依舊穿著平時的僧服。然後告誡門下應該依照佛的戒法，不得飲酒，不然則擯出比叡山。最澄此處的要求顯然與《四分律》有所不同：《四分律》准許僧人「以酒為藥」（當然，不能以此為藉口飲酒為樂）；最澄卻要求，即便作為藥用也不可聽許，當逐出山門。

另外，對女人禁制的問題，也作出了最後的嚴訓。立此遺訓，則是為了報謝國恩，囑咐弟子常講諸大乘經、四種三昧，並且遺命門下嚴修「灌頂、護摩、勤學」三學，弘通一乘。最澄最後說，願與同心者，永結來緣，託生乘願再來。

在《叡山大師傳》中，還記載了最澄留下的遺言：

我自生以來，口無麁言，手不笞罰。今我同法，不打童子，為我大恩。努力！努力！

在此，最澄以平等的語氣稱呼門下為「我同法」，交代後事以及遺願鄭重相託。在《叡山大師傳》中，接著記錄了最澄所立的所謂「六條禪庵式」

之遺訓，這是對於日常起居以及修行中之行住坐臥等規定與威儀行止的內容。

此外，在《叡山大師傳》的五月十五日的記錄中，有附屬的文書內容如下：

最澄心形久勞，一生此窮。天台一宗，依先帝公驗，授同前入唐天台受法沙門義真已畢。

自今以後，一家學生等，一事已上，不得違背。今且授山寺私印。院內之事，圓成佛子、慈行佛子、一乘忠、一乘叡、圓仁等，可相莊行。且附上座仁忠，并長講法華師順圓申送。

按上文可知，最澄說自己已經知道，自己的心身已經到了最後的極限，於是將天台一宗的重任委囑於共同入唐的義真，義真於是被稱為初代天台座主。

如右所記，此後，有「一乘忠」與上座「仁忠」二個名字存在。而《叡山大師傳》撰者是一乘忠，其僧名不是仁忠，而是喚為真忠，這是最澄門人有兩個「忠和尚」的根據所在。圓仁此時則年僅二十九歲。

六月四日，最澄示寂。《叡山大師傳》中將此情形描寫如下：

弘仁十三年歲次壬寅六月四日辰時，於比叡山中道院，右脅而入寂滅，春秋五十六也。日隱炬滅，無所憑仰；風慘松悲，泉奔水咽。于時奇雲蓋峰，久在無去。

弘仁十三年（八二二）六月四日，最澄於比叡山中堂院右脇（吉祥臥）而寂，春秋五十六。如果依用神護景雲元年（七六七）誕生說，即如前文所記。按照近年的公文書，生於天平神護二年（七六六）為有力之說的話，則春秋為五十七。

在最澄圓寂後的一週內，朝廷下了太政官符，認可在比叡山傳授大乘戒，日子是六月十一日。按最近的研究可知，勅許是在最澄入寂之前一日傳達到比叡山，即六月三日。

按《叡山大師傳》所記：「冬十一月，主上贈〈哭澄上人六韻詩〉，載在奇紙。」這一年的十一月，嵯峨天皇又寫了「哭澄上人」一首五言韻詩以贈賜叡山，表示悼念之情。關於此詩之真偽問題，學術界中有所質疑，按現今所傳詩文如下：

吁嗟雙樹下，攝化契如如；慧遠（註九）名猶駐，支公（註一〇）業已虛。

草深新廟塔，松掩舊禪居；燈焰殘空座，香煙繞像爐。

蒼生橋梁少，緇侶律儀疎；法體何久住，塵心傷有餘。

另記，十有餘哲作和韻詩，可惜沒有流傳下來。

翌年，即弘仁十四年（八二三）二月二十六日，改比叡山寺號為延曆寺。

這是依桓武天皇的年號而命名的寺號，一直沿用至今沒有改變。

同年三月十七日，逢桓武天皇國忌之日，頒發了新制度，比叡山的年分度者為二人，依遵山規如法得度。四月十四日，義真為戒和上（傳戒師），圓仁為教授師，在比叡山內首次給十四人傳授大乘戒，終於成就了最澄的宿願，諸弟子們不禁歡喜踴躍。

據《慈覺大師傳》所記，大乘戒的授受是在中堂藥師佛像前舉行。而且，嵯峨天皇的宸筆，與現存的光定戒牒是同一日子，即記為：「弘仁十四年四月十四日；於比叡峰延曆一乘止觀院，受菩薩大戒。」按光定的戒牒的文首示之如下：

（奉請）靈山淨土

釋迦如來應正等覺，為菩薩戒和（上）。

奉請金色世界文殊師利菩薩摩訶薩，為菩薩戒羯磨阿闍（梨）。

奉請覩史多天彌勒菩薩摩訶薩，為菩薩戒教授阿闍梨。
奉請十方一切世界一切如來應正等覺，為菩薩戒尊證師。
奉請十方一切世界一切菩薩摩訶薩，為菩薩戒同法等侶。

這段文字，與前面所引用的「天台法華宗年分度者回小向大式」（四條式）的內容基本一致。四條式的文字如下：

請釋迦牟尼佛，為菩薩戒和上。
請文殊師利菩薩，為菩薩戒羯磨阿闍梨。
請彌勒菩薩，為菩薩戒教授阿闍梨。
請十方一切諸佛，為菩薩戒證師。
請十方一切〔諸〕菩薩、為同學等侶。

如上所述，比叡山的授戒由此揭開序幕。與東大寺、下野藥師寺、筑前觀世音寺的三戒壇並列，成為國家允許的授戒道場。延曆寺的戒壇院，按記載，於天長四年（八二七）五月二日，依太政官符而得以創建。

最澄則是日本最初被授予大師號的高僧，即於稍後的貞觀八年（八六六）七月十四日（一說十二日）賜謚號為「傳教大師」，其弟子圓仁的尊號「慈覺大師」也於同日賜封。

【註釋】

註一：「先帝」指桓武天皇，柏原先帝亦同。

註二：「枳王夢猴、九位列落」引用的是《守護國界主陀羅尼經・卷一〇》的經文內容：訖哩枳王夢現十四獼猴，除一匹以外，其餘九獼猴皆諷喻為惡沙門。

註三：「覺母五駕，後三增數」則是根據《不必定入定入印經》的內容，「覺母」指的是文殊師利菩薩。佛向文殊開示了羊乘行、象乘行、日月神通乘行、聲聞神通乘行、如來神通乘行，即五乘行門；最澄則重視後三種神通乘行。

註四：賓頭盧尊者或稱賓度羅・頗羅墮闍尊者（梵文 Piṇḍola Bhāradvāja），是釋迦牟尼佛的十六大阿羅漢（漢地另有十八羅漢之說）弟子之一，在漢傳佛教中被稱為「坐鹿羅漢」。因其常以神通力、發獅子吼音護衛正法，故被佛陀授為弟子之中「獅子吼第一」。又其因擅用神通而犯戒，佛陀不許他入涅槃，必須永住世間弘揚佛法、度化眾生，並囑他住世期間須廣受供養，只要有人請「千僧齋」，賓頭盧尊者就在其中；人們還可以請他到家中供養，培植福報，因此後世也稱之為「福田第一」。

賓頭盧尊者和君屠鉢嘆尊者、羅睺羅尊者、大迦葉尊者是《彌勒下生經》中佛陀授記不得入滅、留形住世直到彌勒菩薩下生成佛的四位阿羅漢。

註五：《顯戒論・卷中》列舉《仁王護國般若波羅蜜多經・卷下・奉持品》所說的「日月難、星宿難、眾火難、時節難，大風數起難、天地亢陽難、四方賊來難」等七難。

註六：「《仁王經》百僧」出自《仁王護國般若波羅蜜多經・卷下・護國品》，參照《顯戒論・卷中》所記。

註七：「《請雨經》八德」乃出自那連提耶舍所譯《大雲輪請雨經・卷下》所說：「八人實行力故，令諸龍王於閻浮提，請雨國內，降澍大雨。莎呵。」

註八：菩提僊那（七〇四至七六〇），東大寺大佛殿舉行開光供養時，聘為主法。

註九：慧遠（三三四至四一六），東晉高僧，中觀般若學大師。他曾在盧山東林寺組織蓮社，故又稱盧山慧遠或東林慧遠。因弘揚西方淨土法門，被尊為淨土宗初祖。

註一〇：應指支遁（三一四至三六六），字道林，世稱支公，亦曰林公，別號支硎。東晉高僧，佛學造詣頗深，擅般若學，亦精通老莊之學，於《莊子・逍遙遊》篇尤能獨抒己見。

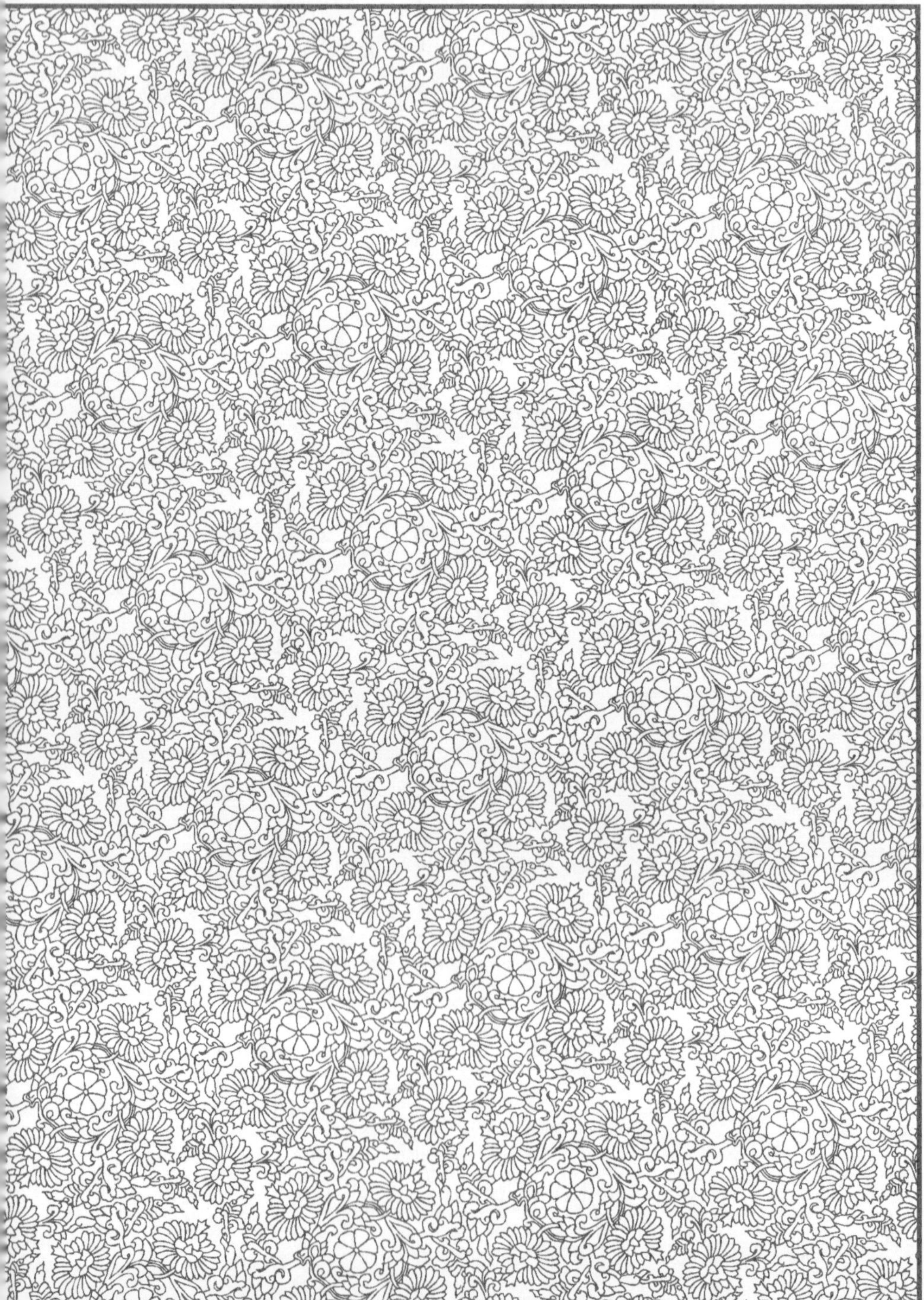

影響

壹・最澄的著作以及思想

最澄以後的日本天台，為致力於不斷充實當時尚不完備的密教、以及圓密一致教門的建立，付出了相當的努力。

最澄的著作後來收錄於《傳教大師全集》全五卷之內。但是，其中除了確認為最澄所撰的著作之外，還編入了不少偽撰以及真偽不詳的文獻在內。另外，大正新脩大藏經、日本大藏經、大日本佛教全書等，也分別收錄了最澄的主要著作。

若要討論對最澄諸著作的研究狀況，相較於對同時代的空海之著作的研究而言，無疑令人有遲緩不前之感慨。當然，對於《顯戒論》的研究，確實是有不少有益的研究成果；至於其他甚多著述的研究，只能期待於未來。於此，無法網羅所有的研究內容，只是於以下作出一些補遺以及若干的解說。

《守護國界章》

《守護國界章》九卷，是最澄的一部鉅著。這是最澄與德一的論辯書，頗有重要的思想意義，對後世也產生了很大的影響。在此，關於其中討論「無作三身」的內容，筆者想進行扼要的論述。

最澄提出「無作三身」之語，是在《守護國界章．卷下之中》。此用語常為人注目，並產生各種各樣的觀點，而為人所重視。不過，在解釋上，的確存在著不少難處，對於最澄的見解以及理解尚有著一定的距離。在此，便運用中古天台所有的獨特解釋，將現今流通的見解予以介紹。

彈麁食者謬破報佛智常章第三

有為報佛，夢裡權果。無作三身，覺前實佛。夫真如妙理有兩種義：不變真如凝然常住，隨緣真如緣起常住。報佛如來有兩種身：夢裡權身有為無常，覺前實身緣起常住。相續常義亦有兩種：隨緣真如相續常義，依他緣生相續常義。今真實報佛，攝隨緣真如相續常義。麁食所執凝然真如，定為偏真，以三獸同涉故，不具隨緣故，緣起不即故，教有權、實故。權教三身，未免無常。實教三身，俱體俱用。

最初所示「麁食者」，即指德一。對他所說的「報佛智常住」的觀點，最澄持否定的立場而予以反駁，兩者便以此為主題進行激烈的論戰。對於最澄所論及的「德一說」與「最澄說」針鋒相對之論述，可以簡示如下：

德一說：有為報佛，夢裡權果　夢裡權身有為無常（權教三身，未免無常）

最澄說：無作三身，覺前實佛　覺前實身緣起常住（實教三身，俱體俱用）

可見，德一所言的報身是「有為無常」；而與德一之見解相對，最澄則主張「報身常住說」。當然，其主張「佛德」的內容本身是可以理解的，不過最澄在論述中捻出了「無作三身」以及「覺前實佛」的獨特用語，運用於自己的主張。然而，這類特殊的用語後來在口傳的法門也多有議論，究竟如何定義，實有困難之處。

另外，最澄認為應在報佛的緣起常住之上，更須規定隨緣真如相續常之義。真如隨緣論，是最澄以來的日本天台諸師所導入的教義，並涉及到「草木成佛」等思想內容。關於這個問題，不是三言兩語可以說得明白，於此只能暫時擱筆不論。

至於對「權教三身不免無常」的觀點，最澄則說「實教三身」乃是俱體俱用。本來，若依據天台教學的三身，即以相即或一體作為基本教說。如湛然的

《法華玄義釋籤．卷一四》以及《十不二門》所論及的「俱體俱用」，也並不是他獨創之語。但是，關於報身智的議論，卻特以三身，或以俱體俱用來論述的真實意義，的確有必要加以深究，這可說是需要解決的重要課題之一。此外，至於「無作」的表記，則是闡明天台圓教的立場的常套之句。即藏、通、別、圓四教，按順序為生滅、無生、無量、無作的用語來加以一一解說，這是天台學的基本教理。

關於「實」的意義，即為報身智，此乃自受用身的議論，則無須贅言。日本天台的論義之中，有不少通過自己獨特的「算題」（日本天台術語，即論義以及方法）來求得用於解釋自受用身的思想內容。智者大師未曾言及過自受用身之語，比如說其所居，在天台四土之中，法身則可判作同於常寂光土，是為通例，無須置疑。

於此，只能作出簡略說明而已，對於最澄只用過一次的「無作三身」一語，卻成為後來日本中世天台宗（中古天台）教學的核心內容而處於重要的地位，有著多歧的解釋，並活用於日本天台教義之中。

於此，特別引起筆者注意的是，中古天台的「惠心流」將無作三身作為「自受用身」來把握，將之視為遍在性來予以宣說並樹立為基本教義；而且，此主張在日本有被廣泛地繼承下來的傾向。若論遍在性，可含了《觀普賢菩薩行法經》中所說的「毘盧遮那遍一切處」的名言，即說明法身的遍在包含了森羅萬象的一切世界。中國天台學，已經演示了種種思想觀點，並加以充分活用。而將毘盧遮那來代表一切佛、作為自受用身的無作三身，在最澄的諸文獻得以層出不窮地出現，很可能也是作為日本天台宗祖的最澄，有將此來作為自己的學說加以顯揚的用意吧！

關於自受用身的遍在性問題，在天台教理中，因諸佛乃為一體故，在教理上的沒有任何的不協調之處。雖如此，此無須通過最澄和空海等的解說，早在唐代般若三藏（七三四至八一〇）所譯的《大乘本生心地觀經·卷三》中就有以下偈文：

自受用身諸相好，一一遍滿十方剎。四智圓明受法樂，前佛後佛體皆同。
雖遍法界無障礙，如是妙境不思議。是身常住報佛土，自受法樂無間斷。

這般論點便足以引起人們的注目了。對此說法，可以從幾個觀點加以論說：而日本天台的論義中所欲議論的，若依當下的論題來說，則是出於論究自受用身作為遍滿的理論來理解，這乃是最為重要和關鍵的內容所在。

另外，自受用身作為報土居住的佛來論說，這一主張與中國天台教理不相一致。從而，至於《大乘本生心地觀經》中的記述，日本天台沒有加以全面認同，而對「自受用身諸相好，一一遍滿十方剎」偈語，而作為適合中古天台所說理論的依據所在。

若從音聲的觀點而言，則認為，不管是眾生的音聲、還是風或波等的音聲，全是出自自受用身說法；不僅限於音聲，就連我等日常的行、住、坐、臥等所有的言動作為，也無疑皆是如此。甚至舉例，螞蟻、蚊子乃至櫻與梅等自然界（環境世界）的所有事物，無非是自受用身、即無作三身的體現。這種教義，在日本天台教理中得以開花結果。即所謂依正二報（依報的環境與正報的眾生）的所有一切，皆是自受用身所體現的無作三身的如如境界。

若欲對於這個理論進行充分論究，將花費很多筆墨，乃是頗為複雜的議論，筆者於此只能打住，以後有機會再作深究。不論如何，最澄所造的「無作三身」專門術語，在中古天台的理論發展中，與自受用身的思想相結合，成為了日本天台極為重要教理的理論根據，是一個不動的事實。而且，此無作三身之語，即便在單獨使用的場合，也包含有對現實肯定的主張，作為重要用語，廣泛地加以活用，從而醞釀了即身成佛論以及草木成佛論。「無作」（自然而然，如如）的含意，成為極具特色的教義，在日本佛教理論乃至思想界得以不斷展開與深入發展。

還有，關於最澄所說的「大直道」、「直道」的用語，也極具教理的特色，本文中所引用的《守護國界章．卷上之下》的教說，示之如下——

權　小＝迂回＝步行迂回道

權　大＝歷劫＝步行歷劫道

實一乘＝直道＝飛行無礙道

關於大直道、直道思想，則涉及最澄《註無量義經》的內容。

《內證佛法相承血脈譜》

最澄所相承的是「圓、密、禪、戒」四宗，即所謂具有四宗融合的特色；

其中的「圓」，自然是指天台法華圓教。

此四宗是根據《內證佛法相承血脈譜》中所說的內容。在此書中，列舉了達磨大師付法、天台法華宗、天台圓教菩薩戒、胎藏金剛兩曼荼羅、雜曼荼羅五種師師血脈譜的相承，而最初的四種則衍生為四宗的根源。當然，中國天台也是融合諸般教義的佛教宗派，最澄又將之更上了一層樓。

以下便對上述五種相承予以說明，並將要點以系譜圖概括，示之如下——

達磨大師付法相承師師血脈譜

瞿曇—第一祖尼樓羅—第二祖王烏頭羅王—第三祖瞿頭羅王—第四祖尼休羅王—

淨飯王（尼休羅王之四子）—悉達多—垂迹釋迦大牟尼尊—摩訶迦葉—阿難—商那和修—
　　　　　　　　　　　└難陀（淨飯王之二子）

白飯王

斛飯王

甘露飯王

優婆毱多—提多迦—彌遮迦—佛陀難提—佛陀密多—脇比丘—富羅奢—鳴菩薩—比羅比丘—龍樹菩薩—迦那提婆—羅睺羅—僧伽難提—僧伽耶舍—鳩摩羅馱—闍夜多—婆修槃陀—摩奴羅—鶴勒耶舍—師子尊者—舍那婆斯—婆須密—僧伽羅叉—優婆掘—菩提達磨—後魏達磨和上—北齊慧可和上—隋朝皖公山僧璨和上—雙峰山道信和上—黃梅東山弘忍和上—唐朝大通和上（神秀）—華嚴寺普寂和上—大唐大光福寺道璿和上（日本國大安寺西唐院）—大日本國大安寺行表和上—大日本國比叡山前入唐受法沙門最澄

由圖可見，最澄這一相承系譜，是入唐前的說法，而且是北宗禪的系統，這是眾所周知的內容。不過，引人注目的是，「道璿—行表—最澄」這一相承系譜，最澄之師是行表、行表之師是道璿——曾著有《梵網經》註釋三卷。這師承系譜中的兩人，對於最澄的思想形成方面，無疑產生了重要影響。

還必須留意的一個地方是，最澄在入唐期間的貞元二十年（八〇四），還從翛然處得承過牛頭禪的法脈。在《內證佛法相承血脈譜》中提到：

> 又，去延曆末年，向大唐國請益，更受達磨付法。大唐貞元二十年十月十三日，大唐國台州唐興縣天台山禪林寺僧翛然，傳授天竺、大唐二國付法血脈，并達磨付法牛頭山法門等。頂戴持來，安叡山藏。

這乃是最澄抵達台州後，最初期的受法。

天台法華宗相承師師血脈譜

常寂光土第一義諦靈山淨土久遠實成多寶塔中大牟尼尊
- 智者大師（智顗）
- 慧思大師
- 摩訶伽葉—阿難陀—

商那和修—優婆毱多—提多迦—彌遮迦—佛陀難提—佛陀蜜多—脇比丘—

富那奢比丘—馬鳴菩薩—比羅比丘—龍樹菩薩—天竺須利耶蘇摩—鳩摩羅什

三藏 ─┬ 妙法蓮華經
　　　└ 大智度論
　　　　┬ 雙林寺傅大士
　　　　└ 齊高之世慧文大師
　　　　　─ 天竺靈山聽眾陳朝南岳慧思大師 ─

天竺靈山聽眾隋朝天台山智者大師（諱顗）─ 國清寺灌頂大師 ─ 國清寺智威大師 ─

天宮寺慧威大師 ─ 左溪玄朗大師 ─ 荊溪湛然大師 ┬ 瑯琊道邃和上
　　　　　　　　　　　　　　　　　　　　　　└ 姑蘇行滿和上
　─┬ 前入唐受法沙門最澄
　　└ 前入唐受法沙門義真

如上所示法脈，正是天台法華宗的相承系譜。此中，常寂光土第一義諦靈山淨土久遠實成多寶塔中大牟尼尊（釋迦）為最初，以下不只傳予摩訶迦葉，亦直接傳承至慧思與智者大師，此即所謂「靈山同聽」。這是基於智者之師慧思，在初次與智者大師相見時，對智者提到昔日兩人在靈鷲山一起聽釋迦說法的往事。因此，天台的法脈系譜為：

天台圓教菩薩戒相承師師血脈譜

蓮華臺藏世界赫赫天光師子座上盧舍那佛
　（智者大師）
　（慧思大師）
　逸多菩薩—天竺鳩摩羅什三藏—靈山
聽眾南嶽慧思大師—靈山聽眾天台山智者大師—章安灌頂大師—縉雲智威大師—
東陽慧威大師—左溪玄朗大師—荊溪湛然大師—瑯琊道邃大師—
　前入唐受菩薩戒沙門最澄
　前入唐受菩薩戒沙門義真

最澄與義真於貞元二十一年（八〇五）三月二日，在道邃座下得受菩薩戒。

在《內證佛法相承血脈譜》中記載：

大唐貞元二十一年　次乙酉——當大日本國延曆二十四年乙酉也——春三月

二日，初夜二更亥時，於台州臨海縣龍興寺西廂極樂淨土院，奉請天台第七傳法道邃和上，最澄、義真等，與大唐沙門二十七人，俱受圓教菩薩戒。

最澄所記的由盧舍那佛為始的梵網戒相承系譜，是基於智者大師所撰、世間所廣為相傳的《菩薩戒義疏．卷上》所記：「梵網受法，是盧舍那佛為妙海王子受戒法。釋迦從舍那所受誦，次轉與逸多菩薩，如是二十餘菩薩次第相付，什師傳來，出律藏品。」逸多菩薩即阿逸多（Ajita），為彌勒菩薩之名（彌勒為姓）。此相承系譜，作為圓教的菩薩戒傳承，明記如上。

歸國後的最澄，為圓澄等百餘人傳授了圓頓菩薩大戒。據《慈覺大師傳》記載：「大同元年冬十二月二十三日，於叡山止觀院，圓澄法師為上首，百有餘人，授圓頓菩薩大戒。此授天台師師相傳大戒之始也。」關於此次在止觀院在大同元年（八〇六）的授戒日期，此處為十二月；不過，在其他文獻中都改正為十一月。

胎藏金剛兩曼荼羅相承師師血脈譜

胎藏曼荼羅毘盧遮那如來—中天竺大那蘭陀寺善無畏三藏大師—┬大唐沙門一行大師
　　　　　　　　　　　　　　　　　　　　　　　　　　　└大唐沙門義林大師

大唐泰嶽靈巖寺沙門順曉阿闍梨—┬前入唐受法沙門最澄
　　　　　　　　　　　　　　　└前入唐受法沙門義真

金剛界毘盧遮那如來—金剛薩埵—龍猛菩薩—龍智阿闍梨—金剛智阿闍梨—不空和上

正如上文所述，最澄從順曉處所傳承的密教，與空海所承續的密教相比，顯然是不完整的，特別是以《金剛頂經》為根本的金剛界；最澄在歸國後，經過與空海的不斷交流，得知這方面的知識，並得以理解。而且，順曉從善無畏處所傳的密法，即所謂的〈阿闍梨付法文〉中所知的內容來看，最澄也未曾得以傳承純然無缺的胎藏（界）密法。胎藏界與金剛界本來就是不同時傳授的密法，也沒有只限於同一阿闍梨付法的規定；因此，一般而言是分別相承的密法。不過，最澄的受法顯然與之相異。

最澄的《內證佛法相承血脈譜》中，所謂師師相承血脈的記述，是在與空海交流過程中得以不斷增加的知識。最澄從順曉所傳之密法，雖然不屬於純粹的胎藏界與金剛界，最澄卻認為，也混合著胎藏界與金剛界的密法要素。

此外，最澄在唐時還受了雜密的相承，系譜示之如下：

雜曼荼羅相承師師血脈譜

金剛道場大牟尼尊
- 天竺沙門菩提流志 — 大唐草堂寺比丘大素
- 天竺沙門阿地瞿多
  - 大唐明州檀那行者江秘
  - 大唐開元寺靈光和上
  - 大唐國清寺惟象和上

（以上四人）— 前入唐受法沙門最澄

所謂雜曼荼羅相承，換言之就是指雜密的相承。最澄所記錄的四師，其中有國清寺惟象，他於貞元二十年（八〇四）十月傳授了大佛頂大契曼荼羅的法會；而從其他的三師處所傳授之法，皆在貞元二十一年（八〇五）五月五日，即已近歸國前夕的時期。這些內容分別為：在大素處得冥道無遮齋法的抄本以及五佛頂法；從江祕處得普集壇以及如意輪壇等法；從靈光處得軍荼利菩薩壇法以及契像等付法。

《法華秀句》

日本天台，後來加上淨土教法門以及山王神道，這些也成為天台宗的重要法門之內容。最澄以後的日本天台，為致力於不斷充實當時尚不完備的密教、以及圓密一致教門的建立，付出了相當的努力。

圓密一致的萌芽，於最澄在世時也已見端倪，這是至關重要的。最澄作為日本天台法華宗的宗祖，在他最晚年的著作《法華秀句》（《法華輔照》）三卷（或為五卷）中，屢屢強調這一觀點。

本書分為上、中、下三卷，上與中卷又各分為本、末兩個部分。若依最初所示的目錄，則是闡釋「法華十勝」的著作。十勝的內容示之如下——

佛說已顯真實勝一　佛說經名示義勝二
無問自說果分勝三　五佛道同歸一勝四
佛說諸經校量勝五　佛說十喻校量勝六
即身六根互用勝七　即身成佛化導勝八
多寶分身付屬勝九　普賢菩薩勸發勝十

實際上，最初的「佛說已顯真實勝一」是卷上本、末部分的內容，十勝中的後九勝則全在卷下加以闡述；卷中的內容則與前後相異，乃是天竺與大唐關於佛性論爭的內容。至於為什麼要這樣來組合編卷，其理由至今尚未得以解明。

前面已經論述過，最澄在本書的「即身成佛化導勝八」之中，極力宣揚「依靠《法華經》的神力得以即身成佛」的思想，這對後世的影響甚大。這可說是處於智者大師以及湛然對「龍女成佛」解釋的延長線上；在天台教理在思想展開的同時，也成為日本天台成佛論的出發點。

「龍女成佛」是先變為男身，然後在南方無垢世界成佛；在述說中，還談及六種震動的內容。當然，若說「即身成佛」，往往會令人談到東密之祖的空海，這乃司空見慣之事。不過，必須知道的是，最澄與空海乃是各自從自宗的立場出發，在同一時期鼓吹即身成佛思想，這是很引人關注之處。這便成為吾人在議論天台宗與真言宗的成佛論時，皆以即身成佛加以闡述的緣由所在。天台宗與真言宗的即身成佛論，可以說是互相不斷影響著，並展開了豐富多彩的論說。

此外，在此前面的「即身六根互用勝七」，是關於年青時的最澄所欲到達的目標，即六即位中的「第四相似即位」的一章。在此也用到了「即身」一語，即「明知，父母所生，即身異名」的文句。

關於「六根清淨」的解釋，最澄引用了世親的《妙法蓮華經憂波提舍》（《法華論》）卷下之文句：「此得六根清淨者，謂諸凡夫；以經力故，得勝根用。」加以闡明。天台法華宗認為，這是凡夫得此力而得六根清淨。

《註無量義經》

此《註無量義經》三卷，因為乃是與「三一權實論爭」以及大乘戒獨立沒有任何關聯，所以是一部成立時期不甚清楚的著作。在《註無量義經》中，雖然基於天台教理而論說，但存有獨創性的見解與教義；這從最澄思想形成的觀點上而言，有予以探討的必要。另外，從後來有安然等人的引用，故而毋庸置疑是最澄親自撰寫的著作之一。

若要列舉其中的一些教義，如卷一中有「三佛俱常，俱體俱用」的表述，還有未必是十分洗練成熟的寫法、卻有與密教相關聯的內容，此為其特色之一。例如，卷二中記云：

言劫者，印度語略。具存本音，應言劫跛。有二義：一者妄執義，二者時節義。時節義有小中大時；芥城、排石、人日、天珠；妄執義有麁、細、極執。三瑜祇行一生得超。

這段引文是基於《大日經》的註釋而說明的解釋，現在通行本的《大日經義釋・卷二》及《大日經疏・卷二》中皆可見此記述，應是以此作為參照的典據無疑。關於最澄的《大日經疏》系統的文本，可見於《依憑天台集》中的引用等內容。不過，在《註無量義經》之中，並非忠實引用，而是有著藉記憶書寫的痕跡。

不論如何，在《大日經義釋》、《大日經疏》中，關於「劫跛」（kalpa）有時分與妄執二義之說，在一生之中能將三妄執破除，則為超越三大阿僧祇劫，此也可以謂之一生成佛，這便是上述疏文所闡述的旨趣。最澄將「劫」的時節之義解釋為「芥城、排石、人日、天珠」，是正對「芥子劫、盤石劫、人日（人壽）、天壽」之語。

另外，是關於《無量義經》中所說釋迦自得道「四十餘年」之處。《註無量義經》所說「四十餘年」者，三十成道後、生年七十一說《無量義經》，故言「四十餘年」；即稱釋迦佛於三十歲成道，七十一歲講《無量義經》。想來，這是作為《法華經》的開經而進行的說明。在安然所撰的《教時諍》中講述到此《註無量義經》的記述，乃為傳教大師的見解，並加以引用，這正好於《法華經》成道四十二年之說，亦與據傳為菩提流支撰寫的《法界性論》之說相吻合。

而「唯佛與佛」之語的典據，最重要的是出自於《法華經・方便品》，《無量義經》中亦可見此語。最澄對於《無量義經》中的「唯佛與佛」一語，在《註無量義經・卷二中》講道：「言唯佛者，究竟即，是妙覺果佛；言與佛者，分證即，是四十一佛。」即「唯佛」是妙覺位、究竟即的佛，「與佛」則是圓教的聖者初住位以上、即分證即（分真即）的四十一佛（菩薩）之意。但是，這種說法在証真所著的《山家註無量義經抄》中卻指出，《法華經》所講的「唯佛與佛」的意思，與最澄的說法並不相同。

《無量義經》中所說的「大直道」一語，共出現在兩處，這成為最澄註疏中的「大直道」與「直道」的語源之根據。但是，大正新脩大藏經所收本中的一處是「大道直」，並非是「大直道」。在《註無量義經》中，「大直道」與「直道」的語義有嚴格區別之處，而最澄的諸種著作中所出現的用例，卻未必完全有明瞭的區別。

《末法燈明記》

在文獻資料中，不免有不少偽撰的內容存在。不過，也有可能還存在一部分真偽未詳的重要文獻，《末法燈明記》就屬於這一類著作。本書中敘述，在末法時代，因為只存在無戒者，而不存在破戒者，即世間只有無戒之人而已。末法時期只存在名義上的比丘，而這些人乃是世之真寶；原因是，如果有持戒者倒是怪異之事，就好比在街市上遇見老虎一般不可思議。

進入末法時代的年紀是從永承七年（一〇五二），本書以像法最末期的表現方式來撰寫的。從《末法燈明記》的內容來看，顯然是一部偽撰之作；但是，鎌倉時代的佛教諸祖師都把它當作是最澄真撰的著書，特別是其中的親鸞，認為是最澄真撰，而對此書極為重視。因此，到了現代，有一部分人依舊堅持以前的立場，不願懷疑這是一部偽撰的著作。

《法華長講會式》

從引用文獻中可知必是偽撰之書的著作也有一些。例如，《法華長講會式》（《長講法華經先分發願文》卷上及《長講法華經後分略願文》卷下）一書是記述關於崇道天皇（早良親王）慰靈為主題的書籍，現在基本上推定為偽撰之書。理由是，在卷上的開頭部分可見：「三界唯一心，心外無別法。心佛及眾生，是三無差別。」的記述。這是最澄不可能見到的光定疑問、宗穎決答中的《唐決》之內容。當然，這本來是《華嚴經》之偈文，卻沒有在文首前半表述經典之出處。這是對日本天台產生非常大影響的偈文，最初是由《唐決》引來的內容。

《天台法華宗學生式問答》

本書共八卷，是將《天台法華宗年分學生式》（六條式）以問答體來論述的著作。簡稱為《學生式問答》。雖然是一部偽撰之書，但有幾處十分引人注目之處。

首先是在卷一中，論述何為「國寶」時所言及的「照千里」與「守一隅」之語。在《止觀輔行傳弘決．卷五之一》中，提示了此語的文證，已經明確說明了「照千一隅」一語的具體根據與出處，大有留意之必要。

其次是同書卷四的開頭部分，講述到佛子戒（圓戒）正依《法華經》，傍依《梵網經》的十重四十八輕戒的解說，也頗為重要。這便是所謂正依法華傍依梵網的重要根據。在同卷中，還可見「以金剛寶戒為主，以十重四十八為伴」的表述。

貳・日本天台宗的後繼者——最澄入寂後的幾位重要代表人物

圓仁、圓珍這兩位入唐求法僧，對於日本天台宗的密教——即台密，開創了蓬勃發展的氣象，甚至使台密凌駕於空海系密教。

義真

日本天台宗的初代天台座主，是隨最澄入唐作為翻譯僧的義真（七八一至八三三），接著是第二代圓澄（七七二至八三七）、第三代圓仁（七九四至八六四）、第四代安慧（七九四、七九五至八六八）、第五代圓珍（八一四至八九一），成為天台宗五代法主和尚。

義真作為最澄的譯語僧入唐，在日本時尚未受戒，在唐土受具足戒，又與最澄一起，在道邃座下受圓教菩薩大戒，後又在越州龍興寺從順曉處與最澄同受密教傳授。

義真的著作有《天台法華宗義集》，這是天台教門的綱要書，也是之後於天長年間（八二四至八三四），淳和天皇令天台、真言、法相、三論、華嚴、律各宗所提出的六本宗書（天長勅撰六本宗書）中之一。不過，義真與密教的關係比較淡薄。

圓仁

將日本天台宗的密教部分加以充實的是圓仁。據《慈覺大師傳》所記載，圓仁師事下野（栃木縣）大慈寺的廣智，十五歲時登比叡山參見最澄。之後，到了四十五歲時，作為「最後的遣唐使」的一員，隨遣唐使者一行，渡海入唐。時間為從承和五年（八三八）六月出帆到承和十四年（八四七）九月歸國，度過了為時甚長的入唐求法生活。

其間的記錄有《入唐求法巡禮行記》四卷。且不論此書在日本所產生的影響，在歐美以及中國亦有甚多研究者關注並加以研究。此書所包含的內容，對當時中國唐末的社會狀況等有充分記載，尤其是對會昌滅佛期間的社會情況做了如實、詳細的記述，是一部很貴重的文獻資料。

雖然圓仁是修學止觀業出身，卻並未被許可上台州天台山；但是，他為日本天台傳回了純粹的密教，為迎來台密全盛期打下了堅實基礎。圓仁不僅傳授了胎藏界和金剛界，並且傳承了新密教，即蘇悉地部的密法。金剛界的密法尤為重要，得大興善寺元政付法；蘇悉地與胎藏界，均在青龍寺義真處得以傳授。

歸國後，圓仁在仁壽元年（八五一）著述《金剛頂經疏》七卷，齊衡二年（八五五）著有《蘇悉地經疏》七卷。在《金剛頂經疏》中，應是由元政處傳來的「一大圓教」之語煥然可見。此「一大圓教」一語，從如來的立場而言，意味著這是如來所演示的全部真言密教。作為天台密教（台密）一大特色，以此語可以淋漓盡緻地表述出來，在日本天台教中可謂是膾炙人口的重要用語之一。

總之，從圓仁的著作中，加上從唐土請來的一行（六八三至七二七）的《大日經義釋》，而完備了三部密法的註釋書。台密素來有「《義釋》之密教」之稱，這首先可以從圓仁對《金剛頂經》的註釋、以及對《大日經義釋》尤為重視的態度而充分體現。

此外，後來圓珍與安然也對《大日經義釋》格外重視，成為後來日本天台密教的規範，這對後世的天台教門產生極大的影響。

圓珍與圓仁同樣，出身並不是遮那業，而原是止觀業的學生；但是，圓珍卻對密教極為傾倒，這是顯然可見的事實。此外，最澄所傳的三種悉地法（三部三昧耶），由最澄、廣智、德圓、圓珍而得以瀉瓶相傳，圓珍於承和九年（八四二）親得付囑。

圓珍的入唐，並不是以遣唐使的身分。他在仁壽三年（八五三、大中七年）八月渡海入唐，於天安二年（八五八）六月歸國，其間於天台山以及長安得以受法，對密法進行了很深的鑽研；特別是密教的受法，於青龍寺法全處得以傳承胎藏界、金剛界、蘇悉地三部，成為密法之基本根幹。法全駐錫於圓仁在唐時所停留過的玄法寺，傳給圓仁的胎藏界大法的就是法全阿闍梨。

在比叡山裡，因各處住坊而命名；圓仁住在前唐院，圓珍住在後唐院，或稱為山王院。但是，由於後來各自的門徒的對立，圓珍入滅後，遂將圓珍追認為寺門（園城寺、也稱三井寺）之祖。園城寺因未遭受織田信長（一五三四至一五八二）燒毀與討伐之災難，圓珍的親筆所寫等文物，緣此得以保存至今。此外，京都聖護院是現在本山修驗道的總本山，而原本是園城寺系的門跡寺院，成為天台系修驗道最重要據點，而發揮重要的作用。

圓仁、圓珍這兩位入唐求法僧，對於日本天台宗的密教——即台密，開創了蓬勃發展的氣象，甚至使台密凌駕於空海系密教，不能不說是這兩位祖師起了關鍵性的作用以及作出了卓越的貢獻。當然，因為宗祖最澄傳下的密教，較為遜於同時代的空海密教，相對於東密，其完成度明顯不足；正因為最澄密法不夠完備的緣故，使得二師發憤迎頭趕上。

當然，另一方面也反映出，後來東密入唐諸師欲在十分完備的空海密教之上欲再注入新的元素，已是十分困難之事。反之，台密將中國展開的最新密教直接導入，發揮出了十分充沛的生命力。

安然

於此狀況之下，更使台密得以大成的是安然（八四一至八八九，一說為九一五沒）。安然住在比叡山五大院，一意專心研究學問，故有「五大院安然」之稱。在安然的著作《教時諍論》中自述道：「安然在俗則傳教大師之苗裔也，在道則慈覺大師之門人也。」由此可見，安然是在慈覺大師圓仁的學問之基礎上，進一步將台密教理趨於大成。不過，安然自稱，在俗時是傳教大師最澄的苗裔（後代子孫），也由此可知在貞觀八年（八六六）朝廷賜封日本最初的大師號，即「傳教大師」與「慈覺大師」兩大師號時，想必一定對自己的師承以及修學的殊勝因緣，感到不勝喜悅與興奮吧！

而對安然來說，密教的授業師遍昭（或為遍照，八一六至八九六）是極為重要的人物。最澄以來的三種悉地法（三部三昧耶）都是由遍昭傳授給安然的。

關於安然教義的代表作有《教時問答》（《真言宗教時問答》、《真言宗教時義》、《教時義》）四卷以及《菩提心義抄》（《胎藏金剛菩提心義略問答抄》）五卷。安然基本上繼承了圓仁的《金剛頂經疏》七卷與《蘇悉地經疏》七卷的教理，並將圓仁的教理和教法進一步地發展；特別是針對空海的「十住心」，獨自建立了與之不同的教判，這是令人矚目、值得大書特書的事。

《教時問答》所闡述的教義都是稟承圓仁所主張之「一切教其本質都是密教」的理路，即展開了圓仁所傳的一大圓教論。此外，在《菩提心義抄》中，則以「藏、通、別、圓、密」的五教判作為主軸來進行論述。兩書皆以台密所鼓吹之「圓密一致」的基本路線，來展開有條有理的論究。當然，因為都是以密教為中心的論著，所以在論述上無疑是將密教凌駕於天台圓教、亦即將密教放在優先位置上來發揮自己的見解。

儘管如此，安然在解釋密教時，往往積極地活用天台教理來圓融地展開；因此可說，他的教理特色是天台密教、亦即將密教與天台的統合論。安然將當時的日本天台宗積極融通密教，促進了天台宗的密教化以及密教天台化；這種教門上的會通與融合架構之創建，可謂是劃時代的嘗試。由此可言，安然為日本天台的發展作出了很大的貢獻。

總之，安然的《教時問答》與《菩提心義抄》二大教相理論書，是台密教學的集大成之書。這是因為，安然本人對密教的認識與理解相當深刻，對於真言宗的根本教義與旨趣上有卓越的造詣；在論述中，對空海的教義作了積極而且有效地吸收與運用。因此，這兩部書的教理，對後世產生了巨大的影響。

安然的成就，可說是對甚多的事相書（實修書）作了精彩的撰述；學問之淵博，理路之開闊，實在令人佩服，並值得稱賞。關於事相，在《胎藏界大法對受記》、《金剛界大法對受記》、《大日經供養持誦不同》、《觀中院撰定事業灌頂具足支分》（往往將之略稱《具支灌頂》）等大部頭的鉅著，以及其他的著作中，皆有相關的撰述。

由安然集大成所流傳下來的目錄書，有《諸阿闍梨真言密教部類惣錄》（《八家祕錄》）。這是經安然的創意凝結而成的，以入唐八家的將來錄為中心而編集的書錄。入唐八家，即最澄（七六六至八二二，在唐八〇四至八〇五）、空海（七七四至八三五，在唐八〇五至八〇六）、常曉（？至八六六，在唐八三八至八三九）、圓仁（七九三至八六四，在唐八三八至八四七）、圓行（七九九至八五二，在唐八三八至八三九）、惠運（七九八至八六九，一說八七一歿，在唐八四二至八四七）、圓珍（八一四至八九一，在唐八五三至八五八）、宗叡（八〇九至八八四，在唐八六二至八六五）八位高僧，這裡包含了東密的諸位祖師。

安然將入唐八家以及日本的諸阿闍梨的密教，以廣闊的視野作出了集大成的總結與研究；加上安然以獨自的研究方式進行著述，他的著作可謂是日本密教的寶貴財富。例如，《悉曇藏》八卷，是關於悉曇的解說書，是安然又一部淵博與堅實的研究名著。安然還有一些不是密教內容的著作，也具高水準，頗有價值。如《斟定草木成佛私記》、《即身成佛義私記》、《普通授菩薩戒廣釋》（《普通廣釋》）等著作。

參・日本佛教的母胎

鐮倉佛教的各宗祖師大多曾在比叡山修學；稱比叡山為「日本佛教之母胎」，可謂當之無愧。

在智者大師的《摩訶止觀．卷二上》所說示的四種三昧中，常行三昧要求為期九十天的常行，必須口中不斷唱念阿彌陀佛的名號，心中繫念阿彌陀佛。在《摩訶止觀》中有云：

口說默者，九十日身常行無休息。九十日口常唱阿彌陀佛名無休息。九十日心常念阿彌陀佛無休息。或唱、念俱運，或先念後唱，或先唱後念，唱、念相繼無休息時。若唱彌陀即是唱十方佛功德等，但專以彌陀為法門主。舉要言之，步步聲聲念念，唯在阿彌陀佛。

這行法到現在仍具有獨特的意義而廣為實修。這是因為，這不但是限定於欣求往生西方極樂淨土的法門，而且基於《般舟三昧經》的修行過程中會出現見佛現前的瑞相，即名為佛立三昧的境界。

日本天台的宗祖最澄本身，淨土教的色彩比較淡薄。不過，眾所周知，圓仁的偉大貢獻之一是，入唐時在五臺山習得竹林寺法照流的「五會念佛」，將之傳到比叡山，並與《摩訶止觀》所說的常行三昧相揉合。安然的《金剛界大法對受記．卷六》中，對於圓仁在五臺山受法的情況記述如下：

昔斯那國法道和上，現身往極（樂）國。親聞水鳥樹林念佛之聲，以傳斯那。慈覺大師入五台山，學其音曲，以傳叡山。此有長聲二聲、合殺、五聲。

文中所提到的「法道和上」，究竟何許人？沒有作任何說明，推想也許就是法照。圓仁的偉業，雖然是對於密教之傳承為主，但是關於淨土教弘揚的事蹟也不應該忽視。

日本天台的淨土教，後來由許多學僧不斷鑽研而得到可喜的展開與成就。特別有名的是良源（九一二至九八五）所著的《極樂淨土九品往生義》一卷以及源信（九四二至一〇一七）的《往生要集》三卷等。屬於師徒關係的二位宗師，都不是純粹的淨土宗人。

良源曾在宮中清涼殿所舉行的應和之宗論（九六三）中大顯身手，獲得了難以撼動的名聲，三年後榮登天台座主的高位。作為比叡山中興之祖而活躍於日本的教界，由此被封為日本天台宗最初的大僧正；也是在日本天台史上，唯一以「神異僧」之尊稱，並廣為世間傳頌的傳奇人物。因為圓寂於正月三日，故被稱為「元三大師」；被稱為「角大師」或「豆大師」的護身符至今為人所尊崇，其靈驗力廣為人們所推崇與信仰。

而其弟子源信，卻不喜其師良源那樣受世間追捧而得到名利供養的生活方式，便獨自隱棲於比叡山的橫川山林中。《往生要集》一書是他四十四歲的著作，其他尚有甚多撰述流傳於世。如六十五歲的著作《一乘要決》三卷，為天台宗與法相宗的佛性論爭劃上終止符，可謂是他著作中的力作之一。

不論如何，良源與源信的出現，使日本天台增加了嚴格意義上的淨土教法門；這實為鎌倉時代的法然與親鸞等宗師的出場與活躍，預示並鋪設了必不可少的道路。眾所周知，法然與親鸞師徒二人，也曾在比叡山修行過。

此外，在密教方面，以橫川的覺超（九六〇至一〇三四）為祖師的「川流」，以及以東塔南谷的皇慶（九七七至一〇四九）為祖師的「谷流」，形成了川、谷二大門流。覺超就是前面提及之源信門下的四哲之一。不過，遺憾的是，覺超所開創的川流，卻過早地衰微而不傳。而後世所形成的台密十三流的大半，以及其他諸流派，大多是源自於皇慶所開創的谷流之傳承。台密十三流之一的穴太流之中，派生出了榮西的葉上流，是世人格外注目的一派。

在比叡山修學之後，成為禪宗之祖師的人物有兩位。即臨濟宗的榮西（一一四一至一二一五）與曹洞宗的道元（一二〇〇至一二五三）。其中，榮西作為密教的高僧也十分活躍，這是有必要留意之處；因為，葉上流到了後代依舊被繼承了下來。而曹洞宗在道元以後，也有很大程度的密教化；不過，宗祖道元本身則沒有密教的色彩。

日蓮宗的宗祖日蓮（一二二二至一二八二）也是曾在比叡山修行過的高僧，密教方面的造詣也相當地深厚，他的教門則以《法華經》為中心而得以發展。

綜上所述，鎌倉佛教的各宗祖師大多曾在比叡山修學；稱比叡山為「日本佛教之母胎」，可謂當之無愧。

最後還想順便提一下山王神道的問題。山王神道是日本天台宗的神道，在傳為最澄所撰的〈六所寶塔願文〉（弘仁九年、八一八）中有「大小比叡」之語，可見此歷史可以追溯到最澄。

關於後來的山王信仰，圓珍是十分引人矚目的重要人物。圓珍於仁和三年（八八七、七十四歲）的時候，作為延曆寺的年分度者，其中又追加了大毘盧遮那經業與一字頂輪王經業各一人；前者稱為大比叡神分，後者稱為小比叡神分。在翌年的〈制誡文〉中記有「大小比叡」、「山王三聖」等語；所謂三聖，就是指大宮、二宮、聖真子。在如上所說的前提和背景之下，山王神道得以形成。對此方面的探究，本書只能割愛，不予贅述。略舉這方面的典籍以《山家要略記》為主，其他諸文獻收錄在《神道大系》或《續天台宗全書》中；在這方面，尚有待今後更進一步的研究。

順便提一下，在江戶時代，天海（一五三六至一六四三）為了德川家康（一五四二至一六一六）創始了山王一實神道。從此以後，德川家康便作為「東照大權現」予以奉祀了。

天台宗從智者大師的時代開始，就有融合各宗思想的色彩；而日本天台則將之進一步作出了新的展開，尤其是融會了密教，使得天台宗更增添了一層融通諸宗的色彩。比叡山是修行與學問並重的名山，可以說是發揮了行學一如，即綜合學問的作用。

最澄所命名的天台法華宗，是以鳩摩羅什譯的《法華經》為中心教義。鳩摩羅什所翻譯的佛教語言，可稱得上是孕育日本文化與思想之言語，而由比叡山發展，並不斷地傳播。以智者大師所確立的天台法華教義為根幹，形成了日本天台佛教綜合性、多樣性的格局，同時也成為日本文化根本基調。其影響之深廣，非一言可以盡述。

附錄

最澄大師年譜

歲數 — 西元 — 和曆 —

一歲 七六六 天平神護二年
近江國滋賀郡古市鄉生。幼名廣野，父名三津首百枝。

二歲 七六七 神護景雲元年
有另一說為最澄誕生於此年。

十三歲 七七八 寶龜九年
於近江國分寺作為行表的門人而出家。

十五歲 七八〇 寶龜十一年
十一月十二日得度。

十八歲　七八三　延曆二年

正月二十日，授與度牒。

二十歲　七八五　延曆四年

四月，於東大寺受具足戒。七月中旬，登比叡山，結草庵修行。之後作〈願文〉。

二十三歲　七八八　延曆七年

七月，創建比叡山一乘止觀院。相傳自刻一軀等身藥師如來像，安置院中。

二十六歲　七九一　延曆十年

十二月二十八日，受持修行入位。

二十九歲　七九四　延曆十三年

九月三日，天皇行幸，相傳於一乘止觀院舉行初度供養。

三十二歲　七九七　延曆十六年
十二月十日，任命為內供奉，受賜近江正稅。於山中書寫一切經論章疏記等。

三十三歲　七九八　延曆十七年
十一月，初次在比叡山開設法華十講（也稱為霜月會之始修）。

三十六歲　八〇一　延曆二十年
十一月十四日，恭請南都十大德，於比叡山勤修法華十講。

三十七歲　八〇二　延曆二十一年
正月十九日，為和氣氏所請，在高雄山寺與十有餘名大德開講天台教義。
九月十二日，得到朝廷認可，作為還學生入唐。
十月二十日，朝廷同意在譯語（翻譯）僧義真陪同下入唐求法。

三十八歲　八〇三　延曆二十二年
四月十六日，乘坐遣唐使船，從難波前往九州。

三十九歲

八〇四　延曆二十三年

七月六日，乘上遣唐使船第二船，從肥前出發渡海。

九月一日，由明州鄮縣上陸；同月十五日，由明州前往台州。

九月二十六日，在台州會見知府陸淳。陸淳應最澄所請，遂命道邃書寫《摩訶止觀》。

十月，在佛隴寺謁見行滿。

十月十三日，於禪林寺翛然處得受牛頭禪法。

四十歲

八〇五　延曆二十四年

二月十五日，於台州龍興寺得道邃付法。

三月二日，與義真一同在道邃座下受圓教菩薩戒。

三月下旬，回到明州。四月上旬，往越州參學。

四月十八日，於越州峰山（頂）道場，受得順曉阿闍梨三部三昧耶傳法。

五月十八日（一說為十九日），乘坐遣唐使船第一船由明州出發，踏上歸國之途。

六月五日，抵達對馬，然後在長門登陸。

七月十五日，向朝廷上進〈進經疏等表〉（經疏等進奉之表）以及金字諸經典等。

九月七日，於高雄山寺，勤修了日本最初的灌頂儀式。

四十一歲　八〇六　延曆二十五年　大同元年（五月）

正月三日，上奏朝廷，要求與諸宗一起，追加天台法華宗年分度者二名。

正月二十六日，賜下年分度者。（通常以此事為天台宗成為公認以及獨立開宗之標誌）

十一月二十三日，於止觀院中授菩薩大戒。（一說為十二月二十三日）

四十二歲　八〇七　大同二年

二月一日，開始勤修法華長講。

四十三歲　八〇八　大同三年

三月八日，開始勤修金光明長講。

七月，圓仁（十五歲）登比叡山，成為最澄的弟子。（一說為大同五年）

四十四歲　八〇九　大同四年

八月二十四日，託經珍代為向空海借閱經論等。

四十五歲　八一〇　大同五年　弘仁元年（九月）

正月十四日，於宮中金光明會中，得賜天台宗四年分八人年分度者。

春，開始嚴修三部長講。

向空海請求借閱《文殊讚法身禮》、《方圓圖》、《註義》、《釋理趣經》。

四十九歲　八一四　弘仁五年

春，為遂渡海之願，赴筑紫，參詣宇佐八幡以及賀春神宮寺。

五十歲　八一五　弘仁六年

三月十七日，為安置經論於七大寺，向嵯峨天皇請願宸翰；天皇用金字揮毫題寫《摩訶止觀》相賜。

八月，因和氣氏所請，於大安寺塔中院講述天台，引起教義上的論爭。

五十一歲　八一六　弘仁七年

五月一日，給泰範之書信中，記述了法華一乘與真言一乘本無優劣可分的內容。

是年，為《依憑天台集》題寫序文。

五十二歲　八一七　弘仁八年

二月，著《照權實鏡》一卷，以論破德一的《佛性抄》。

春，前往東國，到下野大慈寺以及上野綠野寺。

五十三歲　八一八　弘仁九年

二月七日，授與光定「一乘」之號。

三月，自發誓願，宣言放棄二百五十戒（小乘戒）。

四月二十一日，發願建立六所寶塔。

四月二十六日，定立九院。

五月十三日，制定〈天台法華宗年分學生式〉（六條式）。

五月十五日，記述〈天台法華院得業學生式〉。

五月二十一日，上表請求天台年分度者，單授大乘戒。

八月二十七日，制定〈勸獎天台宗年分度者學生式〉（八條式）。

是年，著述《守護國界章》三卷（或言九卷），以論破德一的《中邊義鏡》三卷。

五十四歲　八一九　弘仁十年

三月十五日，制定〈天台法華宗年分度者回小向大式〉（四條式），向朝廷上表〈請立大乘戒表〉。

五月十九日，護命等僧綱上表朝廷，要求否決最澄的請願。

十月二十七日，反對大乘戒的僧綱們的上表文，經光定出示最澄。

十二月十五日，撰寫《內證佛法相承血脈譜》一卷。

是年，撰述《顯戒論》三卷，記述了〈天台法華宗年分得度學生名帳〉及〈上顯戒論表〉的內容。

五十五歲　八二〇　弘仁十一年

二月二十九日，將《顯戒論》及《內證佛法相承血脈譜》中的〈上顯戒論表〉再治（修改）後，再次向朝廷提出。

是年，著述《決權實論》一卷。

五十六歲　八二一　弘仁十二年

三月，向朝廷提出《顯戒論緣起》二卷。

是年，撰述《法華秀句》三卷。

五十七歲

八二二　弘仁十三年

二月十四日，朝廷下賜傳燈大法師位。四月，留下遺言、遺誡。

五月十五日，將天台一宗的重任委託於義真。

六月三日，下詔書勒許認可大乘戒。

六月四日，於中道院入寂。

六月十一日，頒發大乘戒認可的太政官符。

十一月，天皇以「六韻哭詩」下賜比叡山。

五十八歲

八二三　弘仁十四年

二月二十六日，賜下延曆寺號。

八六六　貞觀八年

七月十四日（一說為十二日），朝廷追賜「傳教大師」諡號，以及賜封圓仁為「慈覺大師」。

參考文獻

本書撰寫過程中，參考了甚多優秀的先行研究；由於本書屬於概說書，未能在文中一一提及與標示。除所列之參考文獻外的研究論文尚有不少，實在是承蒙先行學者莫大的學恩，於此衷心表示謝忱之意。

塩入亮忠，《傳教大師》，日本評論社，一九三七。後由名著出版再版，一九八三。

常磐大定，《支那佛教の研究》（二），春秋社，一九四三。

福田堯穎，《天台學概論》，文一出版。一九五四。

關口眞大，《天台小止觀の研究》，山喜房佛書林，一九五四。

關口眞大譯註，《天台小止觀》，岩波文庫，一九七四。

勝又俊教，《密教の日本的展開》，春秋社，一九七〇。

清水谷恭順，《天台密教の成立に關する研究》，文一出版，一九七二。
天台學會編，《傳教大師研究》，早稻田大學出版部，一九七三。
淺井圓道，《上古日本天台本門思想史》，平樂寺書店，一九七三。
安藤俊雄、薗田香融，《最澄》（日本思想大系），岩波書店，一九七四。
田村晃祐編，《最澄辭典》，東京堂出版，一九七九。
田村晃祐編，《德一論叢》，國書刊行會，一九八六。
田村晃祐，《日本の佛典1最澄》，筑摩書房，一九八七。
田村晃祐，《最澄》（人物叢書），吉川弘文館，一九八八。
田村晃祐，《最澄教學の研究》，春秋社，一九九二。
福井康順監修，《傳教大師研究別卷》，早稻田大學出版部，一九八〇。
福井康順，《日本天台の諸研究》，法藏館，一九九〇。
木內堯央，《傳教大師の生涯と思想》（レグルス文庫），第三文明社，一九七六；後由春秋社再版，二〇〇四。
木內堯央，《天台密教の形成》，溪水社，一九八四。
三崎良周，《台密の研究》，創文社，一九八八。
菅原信海，《山王神道の研究》，春秋社，一九九二。
佐伯有清，《傳教大師傳の研究》，吉川弘文館，一九九二。
佐伯有清，《最澄とその門流》，吉川弘文館，一九九三。
佐伯有清，《若き日の最澄とその時代》，吉川弘文館，一九九四。
佐伯有清，《最澄と空海——交友の軌跡》，吉川弘文館，一九九八。
大久保良峻，《天台教學と本覺思想》，法藏館，一九九八。
大久保良峻編，《山家の大師　最澄》，吉川弘文館，二〇〇四。
大久保良峻編，《天台學探尋》，法藏館，二〇一四。
大久保良峻，《最澄の思想と天台密教》，法藏館，二〇一五。

高木訷元，《空海と最澄の手紙》，法藏館，一九九九。

武內孝善，《弘法大師空海の研究》，吉川弘文館，二〇〇六。

柳澤孝，《柳澤孝佛教繪畫史論集》，中央公論美術出版，二〇〇六。

飯島太千雄編，《最澄墨寶大字典》，木耳社，二〇一三。

Paul Groner Saicho: The Establishment of the Japanese Tendai School, BERKELEY BUDDHIST STUDIES Vol.7,1984. 後由 Universuty of hawaii Press 再版，2000.

圖錄《最澄と天台の國寶》，讀賣新聞社，二〇〇五。

圖錄《比叡山と東海の至寶　天台美術の精華》，名古屋市博物館，二〇〇六。

國家圖書館出版品預行編目（CIP）資料

最澄大師：日本天台宗初祖／大久保良峻編撰；胡建明譯
初版 — 臺北市：經典雜誌，慈濟傳播人文志業基金會
2020.09；400 面；15×21 公分 —（高僧傳）
ISBN 978-986-98968-5-6（精裝）
1. 釋最澄 2. 佛教傳記 3. 日本
229.43　　109011518

最澄大師——日本天台宗初祖

創 辦 人／釋證嚴

編 撰 者／大久保良峻
譯　　者／胡建明
主編暨責任編輯／賴志銘
行政編輯／涂慶鐘
美術指導／邱宇陞
插圖繪者／林國新
校對志工／林旭初

發 行 人／王端正
合心精進長／姚仁祿
傳 播 長／王志宏
平面內容創作中心總監／王慧萍

內頁排版／尚璟設計整合行銷有限公司
出 版 者／經典雜誌
慈濟傳播人文志業基金會
112019臺北市北投區立德路2號
客服專線／（02）28989991
傳真專線／（02）28989993
劃撥帳號／19924552　戶名／經典雜誌
印　　製／新豪華製版印刷股份有限公司
經 商 商／聯合發行股份有限公司
231028新北市新店區寶橋路235巷6弄6號2樓
（02）29178022
出版日期／2020年 9 月初版一刷
2021年12月初版四刷
定　　價／新臺幣380元